IKKO

人生十転び八起きの

ケ・セラ・セラ

はじめに

この本をお手に取っていただき、ありがとうございます。

うれしいことに、私はみなさまから「ＩＫＫＯさんの言葉は胸に響く」「考え方や生き方に共感し、力をもらえる」というお言葉をよく頂戴します。

それはきっと、私が人並み以上にさまざまな経験を通じて、たどり着いた思いが言葉に詰まっているからかもしれません。もしも私が思い通りの、順風満帆な人生を歩んできたら、ここまで物事を深く突き詰めて考えることはなかったと思います。

「七転び八起き」という言葉があります。多くの失敗にもめげず、そのたびに奮起して立ち上がることを指し、人生には浮き沈みが多いというたとえで使われますよね。

そういう意味でいうと、私が歩んできた人生は「七転び」どころか、「十転び」です。行くところ行くところ、どこもでこぼこ道で、いつも転んでばかり。でもたくさん転んだからこそ、気づいたことがいっぱいありました。転ばなかったら、見えなかったものも多かったでしょう。

人生は山あり谷あり。若いときの失敗や挫折は、自分の肥やしになります。七転びなんて、まだまだ！　です。

たくさん転んで、そのときどきの試練を乗り越えたとき、人は大きく成長します。挫折を味わっては奮起し、新たな自分に生まれ変わっていく。その積み重ねが大事なのですね。

でも年を取ったら、できるだけ転ばないように平坦な道を歩みたいもの。そこでもしも転んでしまったら、「ケ・セラ・セラ」「まあ、いいか」と気持ちを切り替えて、早く立ち直るに限ります。

振り返ると、私は転んで泣いて立ち上がり、「この痛みなんて、ケ・セラ・セラだわ」と吹っ切って前を向くようにしてきました。そうやって、いまの自分が作り上げられていったといえます。

人生で起こることには、すべて意味がある……。

そのことを私が深く理解できるようになったのは、六〇代になってからです。年を重ね、経験を積んだことで、若いときに気づかなかったこともわかるようになったと実感しています。

たくさん転んで学んできた私の人生哲学が、少しでもみなさまのお役に立てるようなら、こんなにうれしいことはありません。

本書のタイトルには、「人生は、転ぶことの連続。だけど笑顔で立ち上がれば、絶対に大丈夫！」というエールの気持ちをこめました。

この本のたった一言の言葉でもみなさまのお心に残り、幸せな人生の道案内役になれたら幸いです。

愛をこめて　ＩＫＫＯ

目次

第三章　幸せ運を引き寄せる生き方

第一章

流した涙があったから…

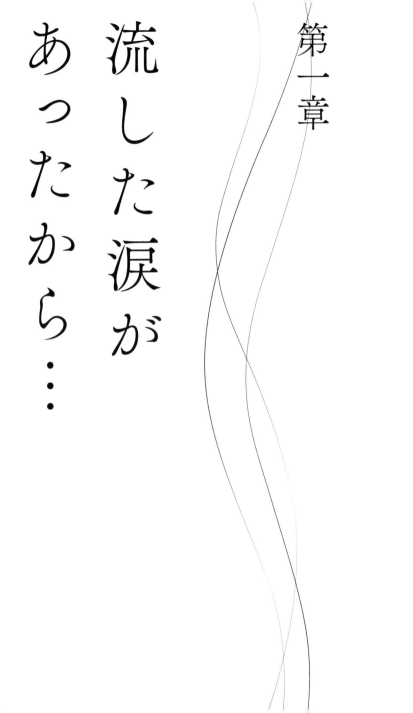

悔しい思いをバネにして

不都合な環境で芽生えた「生きる力」

私はときどき、「ＩＫＫＯさんの人生哲学は、どのようなところから生まれたのですか？　どんな人生をたどってきたのか知りたいです」と聞かれることがあります。

振り返ってみると、幼い頃から経験してきたことには、その都度学びがありました。

いまの私がなぜ、心のあり方を重視するのか、なぜ自分の仕事に妥協を許さないのか、なぜきれいな環境にこだわるのか、私の生き方のすべてが歩んできた人生に関係しています。

そして、たくさん流してきた涙には、私の思いが詰まっています。

そうしたことから、この本では最初に、私が生きてきた六一年の歩みと、さまざまな経験から得たことをお伝えしたいと思います。

私が生まれ育ったのは、福岡県田川郡方城《ほうじょう》町（現・福智《ふくち》町）という田舎町で、かつては炭鉱で栄えたところです。生まれたときにはすでに大きな炭鉱は閉山していましたが、小学校一年のときに最後の炭鉱の閉山で煙突が倒されるさまを、地元の人たちが涙しながら見届けた光景はいまも目に焼き付いています。
それから町は廃《すた》れていく一方。私の家族も時代の波に翻弄《ほんろう》され、何度も悔し涙を飲んだ苦い思い出があります。

母は若い頃に、東京の有名な美容室で働いていました。父もその頃は東京で働いており、母が勤めていた美容室に仕事で出入りしていたことで仲良くなったそうです。お互いに同郷という親近感もあったのでしょう。

その後、二人は結婚し、しばらくしてから地元に戻って、母は美容室を営み、父はパンの卸業で生計を立てていました。

しかし大手製パン会社の進出で、父は廃業を余儀なくされ、電気料金の集金などを掛け持ちしながら働くことに。そのため、親戚からは「日雇い」とばかにされ、私自身も父がいつも人に頭をぺこぺこと下げている姿を見るのがいやで、父のような生き方は絶対にしたくないと思ったものです。

母も時代の変化についていけず、美容室は徐々に先細りになっていきました。当時、流行《はや》り始めていたのは、イギリスのヘアドレッサー、ヴィダル・サスーンが生み出したカット&ブロー。一方、東京帰りの母が腕を鳴らしたレザーカットや逆毛を立てて仕上げるセットは、時代遅れになっていたのです。

炭鉱の閉山によって、町には活気がなくなり、時代の流れに押し流されて、父や母も、私から見ると輝きを失った人生を送っているように思えました。

上昇志向のない両親を目にし、私の中に、どんな逆境にも打ち勝っていこうとする「生きる力」が芽生えたのは、その頃です。いつかみんなを見返してやりたいという思いが募り、高みを目指す向上心が湧き出てきました。

その後、どんなつらいことがあっても耐え忍び、厳しいハードルを乗り越えてこられたのは、幼い頃の逆境をバネとした負けじ魂があったからです。

自分にとっては不都合な環境が、いまの私を作ったといっても過言ではありません。

負けじ魂が困難を乗り越える力になる

私が本当に着たいのはドレス！

私は男の体に生まれながら、「心は女」だったため、ずっと生きにくさを感じてきました。

小学校に入った頃から、友人たちに「気持ち悪いオカマ」とののしられ、自分の殻に閉じ籠っていた時期もあります。

「男は男らしく」といわれても違和感しかなく、周りが望んでいるような将来を想像するだけで暗澹《あんたん》とした気持ちになりました。勉強をしていい学校に入り、背広にネクタイを締めて会社に勤めるような人生は絶対にいやだと思ったのです。

私が本当に着たいのは、ミス・ユニバースやミス・インターナショナルが着ているようなステキなドレス。婦人雑誌を彩る女優さんたちや、博多人形のような芸者さんの着物姿を見ながら、きれいにお化粧をした、華やかな女性にあこがれを抱いていました。

その夢が打ち砕かれたのは、姉の一言から。

私は当時の人気テレビドラマ「アテンションプリーズ」を観て、ＪＡＬの制服にあこがれ、スチュワーデスになりたいと思っていました。ところが姉に「男はスチュワーデスになれないのよ」といわれたのです。

そのときのショックといったら！　ものすごく落ち込んだことは、いまも忘れられません。

親たちが望む人生のレールに乗りたくなかった私は、「そうか、勉強しなければいいんだ」と考えました。そうすれば、進学してサラリーマンになるコースは歩まずに済むな、という単純な発想からです。

するとと当然ながら、学校の授業についていけなくなり、友人たちからは「頭の悪いぼんくら」といわれて、蔑《さげす》んだ目で見られるようになりました。

「気持ち悪い」「頭が悪い」。それと、私の心を深く傷つけたのは「オカマ」という言葉です。「オカマが箸をつけたものは汚い」と周りに思われているのではないかと想像してしまい、「私は汚い」と思い込むようになります。それからは人と食べ物をシェアすることができなくなりました。

「男は男らしく」を押し付けないでほしい

コンプレックスの塊だった幼少期

私の家では、子どもたちがアルバイトをして自分のお小遣いにするというルールがありました。

それは、子どもにお金のありがたみをわからせるためだったのでしょう。私も小学校三年から中学校三年まで、ヤクルトの配達のアルバイトをしていました。

このアルバイトを通して、よくも悪くも、幼い感受性が刺激されたことは確かです。人生勉強をさせてもらったような気がします。

ヤクルトのアルバイトは配達のほか、集金業務もあります。雨の日に濡れたカッパを着て集金に行くと、玄関先で「汚い！　裏に回って！」と怒鳴《どな》られることもしばしば。そこで子ども心に「やっぱり自分は汚いんだ」という自己否定意識が刻印され、コンプレックスの塊になっていきました。

子どもは心無い一言が原因で、それがトラウマになってしまうことがあります。心に刻み込まれたコンプレックスは、自分を磨いていくことでなくなると知ったのは、ずっとあとになってからです。

近頃は、自己肯定感の低い若者が多いと聞きます。

「自分は人より劣っている」「自分はダメな人間」と思い込んでいると、なかなか自信がもてません。

私も少し前まで自己否定と自己肯定を繰り返してきたので、その気持ちはよくわかります。人の目を気にしてばかりいた時期もありましたからね。

いまでこそ、ジェンダーレスや多様性を認めようという声が高まっていますが、それは都会の一部の人たちだけに通じる話。現実の社会はまだまだ閉鎖的で冷たく、依然として差別や偏見が残っているところもあります。

ましてや地方の、私が育った時代は理解されるはずもなく、自分らしく生きる道を模索する日々でした。

心無い一言が、子どもにとってトラウマになる

「家をきれいにする」こだわりの原点

私が勉強の落ちこぼれになっていた頃、父方の祖母にいわれた言葉はいまも覚えています。

「教養を身に付けないと、人に騙される人間になってしまうよ。財産だって取られてしまう。自分の人生は自分で守らなければいけないのだから、たくさん本を読んで勉強しなさい」と。

なるほど、そうだなと納得しました。型通りのお説教ではなく、説得性のある言葉は子どもの胸にも響くものですね。それで、最低でも高校くらいは出ておかなければと思いましたから。

といっても、学生時代はすべて丸暗記で試験にのぞんだので、真の教養や知識を身に付けないまま社会に出ることになります。それをあとで後悔することになるのですが、この話はのちほど……。

祖母の家はわが家と地続きの隣にあり、いまでいうスーパーマーケットのような、食料品と雑貨を売る店を営んでいました。

祖母はいつも身ぎれいにしていて、きちんとした佇《たたず》まいが清々しく、祖母の部屋でいっしょに過ごす時間は心安らぐひとときでした。

私はいま、さまざまなメディアで自宅の紹介をされていますが、家をつねにきれいに整えている原点は、子ども時代に感じた心象風景にあります。

最初は、祖母の家とわが家との雰囲気の違いを感じたことです。祖母の部屋は居心地がいいから、ずっとここにいたいなあ。うちが落ち着かないのはどうしてだろう？　そんなことを漠然と考えたのが始まりです。

わが家は、母が美容室を営みながら四人の子どもを育てていたので、家の中が必ずしもきれいとはいえない状態でした。

母も仕事の合間に掃除をしていましたが、「片付けても、片付けても、すぐに散らかってしまう！」というのが口癖。

そんなわが家から祖母の家に行くと、整然とした部屋に清浄な空気が流れているように感じました。きれいな空間にいると、心が休まることを知ったのですね。

日曜の夜、祖母の部屋でテレビを観ながら、ゆったりとした気分でくつろいだ情景は、子ども時代の幸せな思い出として、いまも脳裏に浮かんできます。

整然とした部屋には、清浄な空気が流れる

美の表現力や発想を高めるために

私の中で「きれいな家は気持ちがいい」という感覚が強まったのは、ヤクルトの集金でいろいろな家の様子を見たことも大きかったと思って

います。

どんなに小さな家でも、たとえ長屋の手狭な家であっても、掃除が行き届いてきちんと整頓されている家は、さわやかな空気が流れていると感じました。

それに触発された私は、家の掃除を毎日しようと決心。気持ちよく暮らすために、目に映る景色を少しでもきれいにしたいと思ったのです。小学校五年生の頃から中学に入るまで、夜は必ず美容室や台所、玄関、お風呂など、一階の掃除をくまなくやるようになりました。

なにしろ私の場合、自分のコンプレックスもあって「汚いのはいや！」という拒絶反応が人一倍ありましたからね。

これ以上みじめな思いはしたくない。家だけでも美しくしようと掃除をし始めたのが、いまのきれい好きな自分につながる原点です。

私は美容家として、美を追求する感性を磨くためにも、自分の目に映る景色はつねに美しくしておきたいという思いがあります。

仕事場やプライベート空間の環境だけでなく、良好な人間関係も含めて、自分の周りの景色が澄んでいなければ、美の表現力や発想力が高まらないと思うからです。

自分が見たい景色の理想は、清潔で、好きなものや好きな人に囲まれている状態。いい景色の中にいると、幸せで心がおだやかになり、人にもやさしくなれるようです。

私にとって自分の城である家は、心をリセットできる大切な場所。いちばん落ち着ける居場所であり、やさしい心を養うためのオアシスなのです。

つらいことがあっても、ホッと息をつける居場所があれば、パワーを充電できます。だから家を美しく整えて、心地よいものにする努力は惜しみません。

その根底には、祖母の家で心からくつろげた、幸せな記憶があるのだと思います。

いい景色の中にいると、幸せで心がおだやかになる

〝一流〟の美容師を目指した修業時代

地獄のような修業の始まり

私が美容師になろうと決めたのは、女性として生きていけないのなら、女性を美しくする仕事をしようと考えたからです。

幼い頃から実家の美容室の片隅で母の仕事ぶりを見ながら、女性がきれいになっていく様子をながめているのが好きでしたしね。

また、その頃から男性美容師が増え始め、彼らが女性っぽい中性的な雰囲気だったこともあり、私にもできそうな気がしました。

しかし、母の美容室のやり方を見て、商いの厳しさも知りました。母の昔ながらの技術では、近くにできた新しい店に押される一方。そのときは悔しい思いしかありませんでしたが、なぜお客さまが減っていったのか、いまならわかります。

その繁盛店から出てくる人たちの、今風のステキなヘアスタイルは町のみんなの目にとまります。お店のディスプレイも斬新で、そこも町の人の関心を引く要因になりました。

多くの人から支持され、繁盛店になるのには、それなりの理由があるのだと納得できるのです。

斜陽化していく母の美容室を見ながら、「私は絶対に〝一流〟の美容師になる！」と心に誓ったのもその頃です。

高校時代は、少し離れた町にある美容室でアルバイトをさせてもらいました。そこの男性美容師のカット技術がすばらしく、そばで見て学びたいと思ったからです。

長姉が自分の夢をかなえてスチュワーデスになってからは、会うたびにセンスアップしていく姉の、最新流行のヘアカットを見ながら自分の勉強材料にしました。

高校卒業後は、北九州の美容学校で一年間学び、横浜元町の高級美容室「髪結処《かみゆいどころ》　サワイイ」に就職。ここから地獄のような修業時代が始まります。

美容学校の理事長からは、「五年間は絶対にやめるな。澤飯先生は厳しいので、まともに続いた卒業生がいない。お前が最後の、うちの学校とのつなぎ役になるんだ」といわれて、覚悟を決めて行きましたが、修業の厳しさは想像以上でした。

いちばん厳しかったのは、澤飯先生の奥さまで、フロアマネージャーをしていた澤飯公子さんです。

タオルの干し方から畳み方、掃除の仕方など、何をやっても「そんなんじゃダメ」と怒られる。住み込みの寮でも、立ち居振る舞いなどあらゆることを注意され、自分のすべてが否定されたように感じて落ち込みました。

公子さんが「あなたのいままでの常識を捨てて、ここの常識に変えていきなさい」といった言葉の意味もわからず、ただ戸惑うだけだった二〇代。その本当の意味を私がわかったのは、独立してからです。

社会に出ると、かかわる世界にはそれぞれの常識があり、その常識に自分が合わせていかなければ排除されてしまいます。その都度変わる仕事の現場で、柔軟に対応していくことの重要性を思い知らされました。

環境ごとに柔軟な対応が必要

「有名と一流は違う！」といわれて

サワイイ時代は、寝る間も惜しんで人一倍練習に励みました。しかし、そんな私を見て、公子さんからさらなる叱咤《しった》が……。

「あなたはそれだけ練習しても、一つひとつの意味がわからずにやっているからダメなの。がんばって練習している自分に安心感を覚えるタイプだから、間違った方向に行きやすい。すべてに意味があると覚えておきなさい。自分の癖が出ないように、基礎をしっかり反復練習することが大事。そうすると意味がわかってくる。丸暗記の練習では、臨機応変に対応できませんよ」と。

まったくその通りだなと思いました。

先に述べた通り、私は小学校時代に勉強をしてこなかったので、中学時代からはとにかく丸暗記でテストを乗り切ってきました。その習い性が体に染み込んでいたのでしょう。

ここから丸暗記の人生が変わりました。すべての意味をとことん考え、深く掘り下げて理解するように努めたのです。

結局、サワイイには八年勤めました。澤飯公子さんは、私の人生を一八〇度変えてくれた恩人といえます。

私がテレビで活躍するようになってからも、「有名と一流は違う。あなたは有名になったけれど、まだ一流ではない」という辛口批評は五〇歳になるまで続きました。

でも、少し前から私への見方が変わってきたようです。

「IKKOの活躍する姿を見るのが、いまの私の生きがい。あなたはほかの子たちとは違うと見込んでいたけど、あそこまで厳しくせずに、もっとやさしくしてあげればよかったと後悔しているの。すばらしい努力で、もう私を越えたね」といわれたときは、感激の涙。

私の人生でもっとも影響を受けた、忘れがたき人です。

「若いときの苦労は買ってでもせよ」といいますが、若いときの苦労は、のちの人生の肥やしになります。そのときはわからなくても、あとになれば「あの経験があったからこそ……」と思えることが多々あります。

これは次世代の若い人たちにも伝えたいことです。

丸暗記の練習では、臨機応変に対応できない

腕を磨き続けて、「ＩＫＫＯの女優メイク」でブレイクスルー

二七歳でサワイイをやめた私はヘアメイクに転向し、トップヘアアーティスト・伊藤五郎さんの事務所「アトリエＧＯＲＯ」に所属しました。もっとも、フリーになってからの半年間は仕事が決まらず、もう一度サワイイに戻ろうかなと考えたこともあります。

すべてが順調な滑り出しとはいかず、伊藤さんのオーディションを受

けて四か月後にお声がかかったときはホッとしました。

「アトリエGORO」の事務所は東京の表参道にありました。

表参道から青山界隈は、おしゃれな人が行きかう街です。一九八〇年代は、DCブランドが最盛期。青山で目にする人々は、みなセンスがよくて、ファッションだけでなく「すてきな人・すてきなライフスタイル」を勉強することができた場所であり、そういう時代だった。また、モデル事務所などもたくさん集まっていたので、とにかくおしゃれな街でした。

私はサワイイ時代から、周囲にばかにされながらもお化粧をしたり、スカートをはいたりしていましたが、東京で目にしたおしゃれな女性たちとはレベルが違います。DCブランドの洋服を着ている人のファッションやメイクの仕方を見ながら、一流の人たちのセンスを学び、自分を高めなければと思いました。

事務所では、年に二回の「東京コレクション」のヘアメイクを担当することになっていました。そのファッションショーに携わることによって、「世界中から集まるスーパーモデルとは……」「一流のモデルとは……」ということを学びました。ただ洋服をきれいに見せるだけでなく、デザイナーの作った洋服をよりよく見せられる人が、スーパーモデルなのだと。ターンしたときに、コートをドレスのように見せられる、その見せ方の秀逸さには驚くばかり。

自分にとって大きな勉強になったことはいうまでもありません。

仕事も、普通は三年くらい先生や先輩たちのアシスタントをするのですが、私は半年後に現場を任されるようになりました。

実力本位の世界で生き抜いていくには、とにかくがんばるのみ。「絶対に人には負けない！」と自分を奮い立たせ、腕を磨くことだけに没頭しました。

転機は、『美しいキモノ』などの女性誌で、和装の女優さんたちのヘアメイクを担当するようになったこと。多くの女優さんや編集者の呼び声が高くなり、〝女優メイク＝ＩＫＯ〟として一般にも広く知られるようになりました。

そして、三〇歳のときに事務所から独立し、「アトリエＩＫＯ」を立ち上げました。そこから自分のスタッフを抱えての、経営者としての人生が始まります。

所属事務所のバックボーンがなくなった私は、それまでと打って変わって、周りから「何者？」と疑わしい目で見られるような扱い。過去の実績は関係なく、「以前と同じような金額は支払えない」と、にべもない対応も受けたりしました。

後ろ盾のない、不安定な立場で生き抜いていくには、泣き言などいってはいられません。ひたすら勉強と工夫を重ね、努力するだけです。「IKKOさんにしかできない」と各方面からお声がかかるようになるまでには、並々ならぬ苦労がありました。

実力本位の世界で生き抜くには、努力あるのみ

ストレスが限界に達し、パニック障害に

その後は努力が実り、私の実力が認められて自分がやってきたことに達成感も得られたのですが、仕事が忙しくなるにつれ、経営者としての重圧ものしかかってきます。

スタッフの指導や仕事の采配に加え、スタッフに対するクレームも、私が全部責任を負わなければなりません。

私を悩ませたのは、スタッフの入れ替わりです。せっかく育てた弟子が卒業し、また一から新しい弟子を育てなければならないというジレンマで、ストレスはたまるばかり。自分の理想を追い求めながら、なかなかうまくいかない現実と向き合う日々が続きました。

私は仕事に手を抜くことができないタイプです。当時は一日に五本くらい仕事をこなしていたのですが、すべての評価を絶対に落としてはならないというプレッシャーがありました。

弟子にも完璧な仕事をすることを求めていたので、心に余裕がもてないほど、いっぱいいっぱいだったのでしょう。そうなると、体のほうが悲鳴を上げて当然です。

三九歳のときに、パニック障害を発症しました。最初は後頭部に痛みを覚え、血圧も二〇〇を超えていて一週間ほど入院することに。

大変だったのは、退院してからです。

電話が鳴るだけで発作が起き、渋滞中の車内やエレベーターの中で呼吸困難などの症状に襲われました。めまいの症状もひんぱんに出て、いつ発作が出るかと不安を抱えている毎日でした。

そんなとき、かかりつけの医師から「大丈夫、大丈夫」と書かれたメモをいただき、そのメモをお守りのように持って、自分の胸に手を当てて「大丈夫、大丈夫」と言い聞かせたりしました。

心をリラックスさせるための方法をいろいろやって、徐々に快方に向かいましたが、いまも心がざわつくときは「大丈夫、大丈夫」という言葉を呪文のように唱えています。

私はよくみなさんに、つらいことがあったら脳の中で「自分騙し」をして、心のスイッチングをするようにということをアドバイスしています。無理にでも楽しいことだけを考えて、いやなことを脳から消していく方法です。

詳しくはあとで述べますが、自分に暗示をかけるように、プラスの言葉を脳に刻み込んでいくと心が切り替わります。

いま改めて考えてみると、私の父もパニック障害を患っていたのかもしれません。

結婚したあとに東京から地元の九州に戻ってきたのは、心臓病を発症したからと聞いていましたが、その後も年に一度くらい息ができないような症状が出ていたので、あれは過呼吸だったのではないかと思えてきます。

父も、人知れずさまざまなストレスを抱えて、苦しんでいたのでしょう。

私がパニック障害になったとき、ふるさとの自然豊かな景色がのぞめる場所に行って心を休めるようにとすすめてくれたのも、同じ経験をもつ父なりの心配りだったに違いありません。

心がざわつくときの呪文は「大丈夫、大丈夫！」

父から教わった大切なこと

私は「姉、姉、私、妹」の四人きょうだいで、父は、長男として生まれた私に「男の子らしく育ってほしい」と望んでいました。そんな父に反発し、確執も生まれました。父の職業に誇りをもてなかったことも、父を遠ざける一因になりました。

私が父にはっきりカミングアウトしたのは、四一歳のときです。

母や姉たちはうすうす気づいていたと思いますが、東京に家を建てたお祝いに来てくれた両親に、思い切って当時付き合っていた彼氏を紹介したのです。すると、父はショックを受けて大激怒。結局、父は亡くなるまで私の生き方を認めてくれませんでした。

しかし父が亡くなったあと、遺品の中に私の記事をスクラップしていたファイルが見つかり、内心では応援してくれていたことを知りました。病院の看護師さんには、「ＩＫＯは自分の息子なんだ」と自慢していたようです。亡くなって初めて知った父の思いに胸が締め付けられ、号泣したのはいうまでもありません。以来、私の中で父の存在が大きく感じられるようになり、と同時に親孝行できなかった悔いが残りました。

思えば、父は生きていた頃、人間として生きるために大事なことをたくさん教えてくれました。

その一つが、「目に見える成功ばかりが成功ではない。人生における真の成功とは、人の心にどれだけの感動を残したかどうかで決まるんだ」という言葉です。

その言葉の真の意味が、父の葬儀のときにわかりました。

葬儀には地元の人がたくさん参列してくれて、多くの人が泣きながら「お父さんには本当にお世話になった」「やさしくしていただいた」と次々に感謝の思いを述べてくれたのです。

父はこんなに多くの人から慕われていたんだと、私の知らない父を見た感じがしました。きっと父が最期に「こういうことだ」と、私に見せてくれたのですね。

父は生真面目で要領が悪く、損をしてばかりの人生でしたが、損得なしにみんなにやさしく手を差し伸べた人だったのだなと教えられた気がします。そして父のような生き方こそが、真の意味での成功なのだと深く胸に刻まれました。

若い頃の私は、目に見える形での成功を追い求めていましたが、いまは違います。ことあるごとに「調子に乗ってはいけない」と父にいわれ続けてきたことを思い返し、まずは私自身がきちんと襟を正して、人の役に立って人に喜ばれることをするにはどうすればいいかと考えて行動するようになりました。

こうしてみなさまに、幸せに生きるためのヒントをお伝えしたり、きれいになるための美容アドバイスをしたり、多くの人が笑顔で暮らしていける術《すべ》などを発信していく活動もその思いがあるからです。父の教えを胸に、「利他の心」をもって生きている自分がいます。

タレントとして知名度が高まる一方で

ビジネスの厳しさを味わった四〇代

四〇代になってから、テレビへの出演が増えるようになりました。番組で取り上げられた「ＩＫＫＯの幸せメイク」が視聴者の人気を呼び、密着取材やバラエティ番組で知名度が一気に上がったのです。

ターニングポイントとなったのは、四五歳から出演し始めた「おネエ★MANS」という番組です。

おネエのヘアメイクアップアーティストとして、堂々と女性のいで立ちで公の場に出られるようになり、海外ロケなどを通して活動の場も広がっていきました。

二〇〇七年の流行語大賞にノミネートされた「どんだけ〜」でブレイクしてからは、タレントとしての活動が増えました。

すると、スケジュールを調整するだけでも一苦労。そこで外部にマネージメント業務を委託する必要性に迫られ、辣腕《らつわん》営業マンが営む個人事務所に所属することに。

ここからが、また次の試練の始まりでした。

社長は大手広告代理店出身のやり手で、数々の人気番組や有名アーティストを手がけてきた強者です。

最初に「これからは、僕のやり方に従ってください」といわれてはいたものの、あまりにもハードなスケジュールに担当マネージャーが悲鳴を上げる始末。

私が交渉しても「受けた仕事は文句をいわずに、とにかくやる！」と取り付く島もありません。意にそぐわないことが起こると、夜中に「謝りに来い」と呼び出しがかかり、「土下座して謝れ」といわれたこともあります。

この頃の私は、ビジネスの感覚の違いに悩みながら、彼が求める以上の完璧な仕事をこなしていました。その一方で、すべてが受け身で、人に動かされているストレスもありました。

でも彼のおかげで仕事の販路が広がり、海外の仕事を含めて活躍の場が増えたことは事実でした。ビジネスの厳しさを教わるなか、さまざまなジャンルの仕事が舞い込んできて、世界が広がりましたからね。

またこの頃は、自分の美しさを思う存分磨き上げることができた時期でもありました。ファッション誌のグラビアやファッションショーにモデルとして出るなど、私がいちばんきれいだった時期と重なります。

人生は表裏一体。いやなこともあれば、いいこともある。どれも貴重な体験だったと冷静に振り返ることができるようになったのは、六〇代になってからです。

すべてが受け身だとストレスになる

「気づきの瞬間」に自分を立て直す

マネージメントなど、面倒なことを人任せにしていると、ある意味ではとても楽です。自分のことだけ考えていればいいのですから。

一流のブランド品を身に着けて、自分を大きく見せようとしていたあの頃。外見的な自己満足度は非常に高かったのですが、本当の意味では、まだ自分に自信がもてていなかったと思います。周りからチヤホヤされてもち上げられるなか、心のどこかに不安を感じている自分がいました。

そんなとき、弟子たちに「昔の先生と違う。先生らしくない」と指摘されたのです。その言葉にハッとしました。華やかな世界の、超売れっ子モデルになったような高揚感が勝り、自分本位の生き方をしていたのかもしれません。

弟子たちにいわれるまでもなく、私自身もどこかで、「こんな生き方をしていて大丈夫？　これでいいの？」と心が揺れているときだったので、「いまからでもやり直せるよね。まだ間に合うよね」とみんなにいったのを覚えています。

自分勝手に生きていると、自分の肘が人に当たっていても気づかないものです。相手の痛みに心を寄せることなく、そのあとのフォローや気配りがなければ、人との信頼関係を失ってしまいます。

人が人として生きる上で、大事なことに気づいた瞬間でした。

私の人生を振り返ると、分岐点に差し掛かったとき、ふいに「気づきの瞬間」が訪れるようです。

幼い頃から、つらいことがあると自分の心と向き合って、折り合いをつけてきた習い性もあるのでしょう。その都度自分を立て直しながら、いまの人生哲学が培われてきたような気がします。

自分の心に恥じないような生き方をするために、もっと内面を磨くようにと教えられた転機も、けっして偶然ではなかったと思います。

修業時代の先生や先輩たち、マネージメント会社の社長や弟子たち、私がこれまで出会ってきたすべての人から学ばされたことは計り知れません。

そうして「清く、正しく、美しく」生きることに目覚め、自分を律することになりましたからね。

自分勝手に生きていると、人との信頼関係を失う

変わっていく価値観の違いを受け止めて

四六歳から三年半所属していた個人事務所は、五〇歳になる少し手前で、それぞれの道を進むことになりました。

その後の仕事は、自分の事務所ですべてを担っていくことになりました。すると、仕事にかかわる全責任が私にのしかかってきます。

再び後ろ盾のない立場になって、それまでに経験したことのない苦労も味わいました。ヘアメイクの現場の仕事からは退きましたが、タレント活動と並行して、美容家として化粧品の研究開発やプロデュース、トークショー、執筆など、多忙を極める日常はこれまで以上。

ただ、多くのスタッフを支えている責任もあり、がんばるしかありません。タレントとしての仕事もぎっしり詰まっていて、日々に忙殺されるうち、いわゆる「ストレス太り」を招いてしまいました。体って、本当に正直ですね。

そんななか、長年勤めたスタッフが卒業して去っていく喪失感も味わいました。年齢を重ねていくにつれ、みんなの状況もそれぞれ変化していきます。独立していく人のほかに、体の調子が悪くなったり、親元に戻る事情ができたり、さまざまな変化の波が訪れます。

みなさんもある程度の年齢になると、子どもが巣立っていったり、親しい人が遠くに引っ越されたり、身近な人が亡くなるなど、人との別れで喪失感に襲われることがあるのではないでしょうか。

年を取るとつらい別れが増えていくのは当然の流れで、そう考えると、私にとって五〇代の一〇年間は、喪失感に慣れていくための訓練期間だったのかなと思えてきます。

人は時間の経過とともに、価値観も変わってきます。

昔はいっしょに同じ方向を向いていた人が、違うものに重きを置くようになって離れていくこともあるでしょう。例えば子どもが結婚すると、親より自分の家庭のほうが大事になるように、いつまでも同じ価値観でいるわけではありません。

なのに、「昔はこうだったのに」という思いをいつまでも引きずっていると、前を向いては進めません。相手の価値観が変わったことを受け止めて、過去のことは「いい思い出」として割り切るほうが、ポジティブに生きていけると思います。時計の針は巻き戻せないのですから。

私がそう考えられるようになったのは、最近です。自分を取り巻く状況や人間関係を冷静に見る目ができ、自分の心と向き合いながら、「幸せに生きるためにはどうしたらいいか?」と考えることが増えました。

私が歩んできた六一年間は、すべて「なぜそうなるのだろう」という疑問から始まり、その答えを導き出しては、また次の疑問が出てくる。その繰り返しでした。

そして何年もかかって、やっとわかったこともあります。そうして身に付いた私なりの人生哲学を、お伝えしていきたいと思います。

ポジティブに生きるために、ときには割り切ることも必要

第二章

自分が自分らしく生きるために

いまの生き方で大丈夫？

心に余裕があると謙虚になれる

日本人は協調性がある反面、海外の人たちに比べると自己主張が少ないといわれています。

大昔から、小さな地域社会で協力関係を大事にしながら生きてきた気質が受け継がれているのかもしれません。

でも、自分を抑えて周りに合わせてばかりいると、少し息苦しくなることもありますよね。

「この場は相手に合わせておこう」とか、「波風を立てないように黙っておこう」とか、自分の思いを飲み込んでばかりいると、なんだかモヤモヤしたものが残ってしまいます。

それは他人に対してだけでなく、身近な家族を前にしてもあるのではないでしょうか。いいたい言葉をグッと飲み込んで、いさかいを避けているという方も多いようです。

他人と違って身内の人間は関係がずっと続くだけに、逆に難しい側面がありますね。

ただ、「どこかで無理をしているかも」「自分らしさを失っているかも」と思ったら、ちょっと自分を変えてみるいい機会。少しずつ自分に無理をしない生き方にシフトチェンジしていくと、ストレスが減っていくはずです。

だからといって、人のことを考えず、いいたい放題、好き勝手にやればいいという話ではありません。

相手に配慮する気持ちを忘れないことが基本姿勢。「自分がいやだと思うことはしない」というポリシーを貫く前提として、まずは相手の考え方の真意を汲み取ることが大事です。


お互いの意見が違ったら、「なるほどね。そういう考え方もあるのね」と相手の言い分をいったん受け止めた上で、「でも、私はちょっと違うかな」と自分の意見を伝えます。要は、初めから対決姿勢を取るのではなく、人の意見を聞いてから自分の考えを伝えると、相手も聞く耳をもってくれると思います。

「実るほど、頭《こうべ》を垂れる稲穂かな」という言葉があるように、本当に実力があって心に余裕のある人はつねに謙虚な姿勢を崩さず、強引に物事を進めたりはしません。本心を直《じか》にぶつけるだけが賢いやり方ではないということですね。

なかなか相手が受け入れてくれないときは、うまくお茶を濁して話題を変えることも大人の対応といえるでしょう。

私は最近、「自分は自分」と割り切る考え方ができてきました。

以前は周りの雰囲気を見ながら人に合わせて、何気なく発せられた人の言葉もけっこう気にしていましたが、それらをサラリと受け流せる対応力もついたようです。それだけ、心に余裕ができたということでしょうね。

自分自身のすべてを認められるようになったことで、周りに振り回されることがなくなりました。と同時に、「その人にはその人なりの考え方があるのだろうな」と、少し離れた目で見られるようになったことも大きいと思っています。

自分がいやだと思うことはしない

ありのままの自分をさらけ出す心地よさ

私は子どもの頃からコンプレックスの塊で、本当の自分を出せずにいました。

しかし一九歳でふるさとを離れるとき、これからは自分を隠さずにストレートに出していこうと決心しました。ずっと自分を装って生きてきた部分があったので、偽りの人生はもうやめたいと思ったのです。

仮に、虚像の自分を見て友だちができても、それは本当の自分ではないので、疲れてしまいますからね。

四三歳でテレビに出たときは、思いきって膝丈のスカートをはきました。その前も、プライベートではスカートをはいていましたが、公の場で「これが本来の私」と宣言したわけです。そのときはいろいろな意見がありましたが、私にとっては勇気ある一歩だったと思います。

私の人生は自己否定と自己肯定の繰り返しでした。あるときは傷ついて落ち込み、あるときは「やっぱりこれでいいんだ」と気持ちを立て直し、寄せては返す波のように感情も立ち位置も流動的で、つねに不安定だったなと思い返されます。

心の底から自分のすべてを肯定できるようになったのは、つい最近です。美容家として、一流のメイクを極めたと実感したときに初めて、誰の前に出ても恥ずかしくない自分になったと思えました。

真の自信がつくと、自分をことさらよく見せようという気負いがなくなります。年齢とともに、若い頃のようにはできないことも増えてきていますが、その現実も含めて、自分自身を丸ごと受け入れられたとき、自然体で生きる心地よさを感じました。


肩の力を抜いて、ありのままの自分をさらけ出していくと、楽に生きられることもわかりました。

例えばディナーショーで、「年は六〇、気持ちは三〇〜♪」などと笑っていえるのは、自分の年齢をしっかり肯定できているため。年齢を隠して「六〇代だと思われたくない」とジタバタするのは、若い人をうらやんで、自分を貶《おとし》めているようなものでしょう。

六一年間、一生懸命がんばって生きてきた自分に自信をもって、堂々と胸を張り「いまの自分を認めている」私がいます。

大事なのは、人がどう思うかより、自分が愛せる自分を目指すことです。まずは本当の自分と向き合い、受け止めるところからスタート。自分の中に、しっかりとした「軸」があれば、どんなことも笑い飛ばして生きられると思います。

真の自信がつくと、自分をよく見せようという気負いがなくなる

人に注意されるのはありがたいこと！

みなさんは、「私のやり方はこれでいいのかしら？」「私の考え方は間違っているのかな？」と思い悩むことはありませんか？

とくに、人にダメ出しをされたり、批判されたりすると、自分に自信がなくなってしまいますよね。また、何をやってもうまくいかないときは、何がよくないのだろうと考え込んでしまいます。

私自身がそうでした。「私はこんなにがんばっているのに、なぜわかってもらえないのだろう」と、忸怩《じくじ》たる思いで唇を噛んだことは数えきれません。

でも、自分がスタッフを抱える立場になってわかったことがあります。相手が求めていることに対して、自分の努力してきた方向性が違っていたのだろうな、と。

例えば、店の掃除をしなさいといわれたとします。しかし一生懸命掃除機をかけたのに叱られる。でも先輩は、床やテーブルの水拭きまでしなければ、掃除をしたとはいえないと思ったに違いありません。

これが主婦の場合なら、家族はお腹が空いて早くご飯を食べたいのに、先に家をきれいにしようとがんばって掃除をしているお母さんは感謝されるどころか、不満をぶつけられるだけ。お母さんにとっては「こんなにがんばっているのに、なぜわかってもらえないの？」というようなものですね。

相手がダメ出しするには、それなりの理由があるのです。

しかし私も、若い頃はそこまで考えが及びませんでした。

修業時代は、やることなすことを否定され、自信を失ったことは先に述べた通りです。人に注意されると反感ばかり覚えて、グチをこぼしていました。

その一方で、「自分はそこそこいいところまでいくのに、なぜいつもある程度のところで止まってしまうのだろう」と、自問自答する日々でした。

そんなとき、ふと「因果応報」という言葉が頭に浮かんできました。なぜかわかりませんが、この言葉が突然降りてきたのです。そこで自分の胸に手を当てて、内省してみました。

グチをいうことは、天に向かって唾を吐くようなもの。天に吐いた唾は必ず自分に返ってくると気づき、天に恥じない生き方をしなければと自分を戒めました。

昔から、よいことも悪いことも、自分のしたことは必ず自分に返ってくるといわれています。すべては巡り巡って自分に返ってくると。

それは実際に、私自身が身をもって体験しています。

天の大いなる存在は、「早く気づきなさい」と伝えたいがために、いろいろな試練を与えてくれるのかもしれません。

人に注意されるのは、ありがたいこと。自分がよい方向に進むための教えになります。だから私は、もしも人に裏切られても、反対に自分の何が悪かったんだろうと考えるようにしています。

自分の生き方に自信がなくなったときこそ、「自分のやっていることは、本当に正しいのだろうか」「もしかしたら、違うやり方があるのかもしれないな」と、俯瞰《ふかん》して自分を省《かえり》みることをおすすめします。

よいことも悪いことも、巡り巡って自分に返ってくる

「すみません」と「ありがとう」はワンセット

人は一人では生きていけません。自分の不得意なところは誰かが補っ

てくれて、それで生きていけるのです。

これは父の教えでもありました。だからすべての人に対して感謝の気持ちを忘れないようにと、何度もいわれたことを思い出します。


「感謝」という字は、「謝りたく感じる」と書きます。

日本人はよく、「ありがとう」というより先に「すみません」といいがちで、その言葉の使い方を批判されたりしますが、逆にいえば、ありがたいと思う気持ちの中に「申し訳ない」「もったいない」という謝辞の心がこめられていると私は考えます。その心を「すみません」の一言に集約してきたのでしょう。

そう考えると、「すみません」と「ありがとう」はワンセット。「謝りたく感じる」心をもって、感謝すべきなのですね。

私は「悪くなったのは自分のせい。よくなったのは他人のおかげ」という言葉を胸に刻み込んでいます。つまり、悪いことは自分の撒《ま》いた種の結果であり、いいことは人の助けがあってこそだと謙虚に受け止めるようにしています。

私はもともと「自分が、自分が」という考え方をするタイプではありません。自分の利より、人やお客さまに尽くすことに力を傾けてきました。人の喜ぶ顔を見ると、心底うれしくなるのです。

でもそれが、すてきな方たちとのご縁につながり、人生を切り拓いていく上での力になったと思っています。結果的に、人生の運は大きく変わり、プラスに転じました。すべては巡り巡って自分に返ってくるものだと、改めて実感しています。

穢《けが》れのない心で真っ当な生き方をしていれば、自分にとって試練と思えるときや、困難を味わったときに、意外なところから救いの手が差し伸べられます。いちばん大切なのは、誠実な生き方に尽きるということですね。

悪くなったのは自分のせい。よくなったのは他人のおかげ

自分にとっての本当の幸せとは

疑問を感じたときが「変わりどき」

これまでの日常が一変したコロナ禍《か》を機に、自分の生き方を見つめ直したという方も多いことでしょう。

私も、最初の緊急事態宣言が出て活動のすべてがストップしたとき、一人でいる時間を余儀なくされたこともあり、これまで以上に自分自身の心と向き合うことになりました。その後、コロナに感染して、自宅でしばらく療養生活を送ったときは、自分にとって何が大切で、何が本当の幸せかということをじっくり考えました。

人の価値観というものは、年齢とともに変化します。そのとき置かれた環境や時代によって、以前は「これが大事」だと思っていたことが変わってくるのは当たり前です。

例えば、家族の介護が始まると、それまで重視してきた仕事や趣味は、二の次になってしまいますよね。また、昔は好きで集めてきたものが気づけば無用の長物になっていて、「もういらないかな」となったりします。仲良くしてきた友人関係においても、「最近は、どうも話が合わなくなったな」と感じたりすることだってあるでしょう。人の「大切なもの」は変化するものなのです。

いまは違うなと思ったときが、変わりどき。いま、自分が本当に大切にしたいものを考えていくと、生き方がだんだん絞られてきます。

これは「断捨離《だんしゃり》」の考え方と同じ。執着を手放し、自分にとって必要ないものを捨てて身の回りをすっきりさせていくと、物事に対する見方も変わってきます。断捨離は自分自身の心と向き合う作業になるので、モヤモヤしていたことが晴れてクリアになるのです。


年を取ると、それまで歩んできた歴史や経験とともに、自分の中にある引き出しの数がどんどん増えていきます。

そこで、今後も必要と思うものは引き出しにしまっておき、いらないものを押し込んでいる引き出しを空っぽにしていくと、空いたところに新しい自分を入れていくことができます。その引き出しの中身が長く輝き続けるためのツールになり、これからの人生の歩み方も違ったものになるはずです。

あなたがいま、いちばん大切にしたいと思っているものはなんですか？　お金ですか？　仕事ですか？　愛する人ですか？　これから先、自分の人生に幸せを感じ、自分が輝き続けるための「大切なもの」を考えていくと、明確な人生設計が見えてくるのではないでしょうか。

人の「大切なもの」は変化する

肩の荷を下ろして楽な生き方を

私は五〇代を過ぎた頃から、もう余計な苦労や重荷を背負わず、楽に生きていきたいと考えるようになりました。

がむしゃらに生きてきた若い頃は、「人に文句をいわれないように、とにかくがんばる」の精神で突き進んできましたが、それは若くてエネルギーがあったからできたこと。負担がかかるのを承知の上で、無理をも厭《いと》わぬところがありました。

いま考えると、それはけっして無駄な経験ではなく、「人生は積み重ね」という意味でいうと、エネルギーを無駄に使っていた時期でさえ、この人生に必要なプロセスだったと思えてきます。

ただ、いまはつねにがんばり続けていくのは年齢的にもきつくなったので、「気楽に、気楽に」と自分に言い聞かせるようになりました。

「気楽」とは、辞書に「心配や苦労がなく、のんびりしているさま」という意味が書かれていますが、私はもっと広い意味で「気を楽にもつこと」を意識しています。

「気」は、あらゆる面で大切。周りの気を循環させて滞《とどこお》らせないことが、スムーズな流れにつながります。詳しくは三章で述べますね。

私は性格的に手抜きができない性分なので、仕事が関係してくると気楽に徹しきれないのが最大のネック。そのため、メリハリをつけるようにしました。

「ここはがんばりどころ」と思ったことは精魂を傾けますが、「そんなに自分のエネルギーを使う必要はないな」と判断したものは力を緩めて、すべてに全力投球することはやめたのです。

年を重ね、いまの自分にとって何が大切で、何をカットすべきか、見極める力がついたということなのでしょう。

心の安定を保つために、自分がいやだなと思うものは見ない、心が乱される人とは距離を置く、心身の疲労を防ぐためにエネルギー配分を考えるなど、自己管理術を重視するようになりました。

生真面目な人ほど、人の期待に応えようとして、つい無理をしてしまうものですが、自分が重荷となっている物事や人間関係、こだわっている「ねばならぬ」という〝マストの考え方〟を手放すと、心が軽くなります。私自身、少しずつ自分をがんじがらめにしてきた縛りから解き放つ努力をしてきた結果、以前より生きやすくなったと感じています。

余談ですが、私は「見ざる・言わざる・聞かざる」という言葉に得心することがあります。それは「人がうまく生きていくための自己保身術」と解釈されることもありますが、ある意味、心おだやかに暮らすためのヒントとなる言葉です。

見なくてよいものは見なくていい。言わなくてもよいこと、聞かなくてよいことをスルーしていくと、俗世間のわずらわしい喧騒も他人事。楽に生きるコツを教えてくれるようです。

そう考えると、年を取って目が見えにくくなり、耳が遠くなって言葉もスムーズに出なくなるのは、晩年は周りの余計な雑音に翻弄されず、憂いなく過ごせるようにと、神様が人間に与えた配慮なのかもしれません。

「見ざる・言わざる・聞かざる」は心おだやかに暮らすヒント

年齢を重ねることは、経験値の財産が増えること

私が前より生きやすくなった要因の一つに、年を取ることに対して肯

定的な意識が生まれたことも挙げられます。自分が老いることへの漠然とした不安より、どうしたらすてきな年の重ね方ができるかということにベクトルを向けたためでしょう。

それは、老いてもすばらしい生き方をしている諸先輩の姿を見たことも影響しています。

もちろん、体力の衰えからできないことも増えてきていますが、それで人間としての価値がなくなるわけではありません。

女性はどうしても、年を取ることをマイナスに考えがちですが、私はそうは思いません。むしろ、これまでの人生で培ってきた経験が厚みとなって、若い人にはない知恵や賢さが備わっています。

私は四〇代の頃、早く五〇代になりたいと思っていました。年を重ねることで、世間の評価にも重みが加わりますし、何より、目に見える形での成功を求める自分がいたのです。

しかし五〇代になって、外面上の名声より中身が重要だと思い至りました。内面の品性が問われる年齢になったと自覚したのですね。

若い頃は笑って許されたことも、年を取るとそうはいきません。職場では「その年になって、こんなこともできないの？」と冷ややかな目を向けられることもあるでしょう。家庭でも「お母さんなら、できて当たり前」と思われていますよね。それだけ、年齢相応の力や見解が求められているということです。

これは逆の見方をすると、年配者にはそれなりの力が期待されているということ。体力的な衰えは致し方ないとはいえ、長い人生で培ってきた見識や才覚を求められているといってもいいですね。

とはいえ、年齢を笠に、いばって権威を振りかざすのは愚の骨頂。若い人は賢いので、そのへんはよく見ています。

自分の評価って、人が決めるものなんですよね。

人から評価を受けるには、誰から見てもすばらしいと思えるだけの人間的厚みが決め手となります。その人の生きてきた姿や日頃の行いの積み重ねが重要となるのです。

大事なことは、大人の人間としてふさわしい所作やたしなみ、周りへの配慮も含めて、自分の背中でお手本を示すこと。人生経験の数では勝っているのですから、一つひとつの言葉に重みが増すはずです。

つらい経験、悲しみや苦しみの経験も、自分の肥やしになっています。人生の深みを知っている人は、何があっても臨機応変に対応できるのが強みです。

私もいろいろな経験を積んだからこそ、いまの自分があり、ここに至るまでのすべてに意味があったと気づかされます。

年を取ると、人は強くなります。しかしその強さは、人生の酸《す》いも甘いも噛み分ける経験をしていない人の、見せかけの強さとは違います。人生の悲喜こもごもを経験した上での、やさしさやしなやかさを伴った強さです。凛とした強さに美しさを感じさせる要因はそこにあります。

年を重ねながら自分の核となるものをもち、凛として生きること、自分の心に恥じない生き方をすることが肝心なのだと思います。

いまに至るすべてのことに意味がある

人付き合いは腹六分目に

人の感情の渦に巻き込まれない

私は五〇代になって本格的に書道を習い始め、その奥深い世界を知ってから文字や言葉の意味を考えるようになりました。日本語には深い意味合いがこめられており、そこに私の人生観から導き出した解釈もプラス。その話をすると多くの方に「確かにそうだな」と思っていただけるようです。

そこで「人生」という文字を紐解いていくと、「人が生きていくこと」のほかに「人の中で生きていくこと」という意味も読み取れます。人の悩みの大半は人間関係に起因するといわれますが、それこそが人生における重要課題といえそうです。

この社会で生きていく上で、人は人とのかかわりなくしては生きていけません。

でもそこが難しいところ。完全に気の合う人ばかりとは限りません。人間関係に頭を悩ます方も多いでしょう。私もこれまで何度か親しかった人に裏切られ、悩み苦しんできました。その経験から学び、ようやく導き出した考え方をお伝えしたいと思います。

人の感情は、山の天気のように変わります。やさしいときもあれば、不機嫌な接し方をされるときもあります。

ただ、これは仕方のないこと。誰だっていつも明るい気分というわけにはいかず、とくに落ち込む出来事があったときは、人にやさしくできる心のゆとりなどありません。

大切なのは、人の感情によって自分が振り回されないことです。そのときどきで臨機応変に対応し、さらりと受け流す力を身に付けましょう。「もしかしたら、いやなことがあったのかもしれないな」と、相手を思いやる心も大人の度量の一つ。人の心の移り変わりは冷静に受け止めつつも、「去る者は追わず」と割り切る考え方も必要です。

人付き合いは「腹六分目」くらいがちょうどいいと、ある方に教えられ、私もそのように考えるようになりました。必要以上に入り込まず、適度な距離を保っていると冷静に判断することができ、人の言動にいちいち目くじらを立てることもなくなります。

第一、くよくよ悩んだり怒ったりすると、余計なエネルギーを使うもの。しかもマイナスのエネルギーなので、心身が疲れるだけで体にダメージを与えてしまいます。

私が心がけているのは、いやな感情は脳の記憶に残さないこと。その記憶を消して忘れるために、すべてをシャットアウトして、ほかのことに意識を向けるようにしています。

「去る者は追わず」と割り切ることも必要

人間関係からひととき離れる逃げ場を作る

人の心は移り変わるものですが、これだけは一定していて変わらないという逃げ場があると、自分にとっての救いになります。

例えば、自分が没頭できる趣味の時間だったり、愛するペットとのふれあいのひとときだったり、わずらわしい人間関係と切り離す場があれば、乱れた心を立て直すことができます。


私の場合は、自宅がその役目を果たしています。

外でいろいろなことがあっても、家に帰ったら自分だけの空間。外の世界のような変化の波にさらされることなく、一定の環境を保ち続けてくれる家は、心を癒すためには最適の場所です。

家という、自分が心から落ち着ける居場所があるからこそ、外の世界で乱れた心をもとに戻せるのだと思います。つまり、家はやさしい心を養う場でもあるのです。

そのために、家はつねに美しく整え、居心地のよい心安らぐ空間にしているとはいうまでもありません。

家族がいると、自分だけの空間を確保することは難しいかもしれませんが、一人の時間を作ることは大事。

家族が寝静まったあとに、お気に入りのお茶を飲む時間を作るとか、朝早くに家の近くを散歩してみるとか、自分だけの時間をもつと心がリフレッシュできるはずです。

自分がホッと息をつける時間や空間で、わずらわしい人間関係から離れるひとときが癒しと再生の力を与えてくれます。

家はやさしい心を養う場所

相手の動線を乱さない心配りを

良好な人間関係を築きたいと思うのであれば、まず相手の立場になって考えてみることです。

人はそれぞれ考え方が違うので、一歩引いて「私はこう思うけど、あの人はどうなのだろう」と考えてみるだけで、理解し合えない水と油の関係が変わってきたりします。

その一方で、自分はどうかなと振り返ってみることも大切。一人よがりで事を進めていないかな、周りを不快にさせていないかなと、相手の気持ちになって考えてみましょう。

例えば、こんなケース。

一生懸命がんばることは、とてもすばらしいのですが、人にも同じようながんばりを求めていませんか？

自分ががんばっているときは、「私がこんなにやっているのだから、あなたもがんばってよ」といったりするもの。すると、ギクシャクした雰囲気になるのは目に見えています。

一生懸命に歩いているときって、腕を前後に大きく振っているでしょう。そのとき、自分の振った肘が人に当たっている可能性もあります。でも無我夢中で歩いているから、そのことに気づかないことが多いのです。

私も、目の前の仕事をこなすことしか頭になかった四〇代のときはそうだったなと思い返します。

人のことより自分中心に考えていたので、周りのことが目に入っていませんでした。それを弟子たちに指摘されて、ハッと我に返ったのですが……。

でも、自分も気づかないうちにそういうことがあるかもしれないなとつねに意識するだけで違ってきます。さらに、「もしかしたら、気遣いの足りない言葉をいってしまったかもしれないけど、気に障ったらごめんなさい」などと、あとでフォローすると、禍根《かこん》を残すようなことにはなりません。

人には人のやり方があり、それが乱されると不快に感じるものです。でも先に一言、「こうしてもいいですか?」と声をかけると、相手の気分は違ってきます。

「親しき仲にも礼儀あり」という言葉があるように、日本人の美徳とされる慎み深さは相手の心を和らげるのです。相手のやり方の動線を崩さない配慮が、対人関係をうまくやっていくコツといえますね。

ところで、私は「自分に自信をもつことが生きる力になる」と先述しました。しかし逆に、自分に自信がありすぎる人も問題だなと感じることがあります。

その揺るぎない自信によって柔軟性が失われ、人のいうことに耳を傾けないまま、突っ走ってしまう危険性があるからです。絶対に自分の意見を曲げない人に、人は距離を置きたくなります。

自信はパワーになりますが、過剰な自信は人との協力関係がうまく結べなくなる可能性も大。

人が進んで手を差し伸べてくれるように、おごらず、高ぶらず、自分に対する自信は八〇パーセントくらいがちょうどいいということも付け加えておきましょう。

自分に自信がありすぎると、柔軟性が失われる

上辺だけの言葉は心に響かない

人が発する言葉は、そこに心が入っているかどうか、不思議と相手に伝わるものです。いくらきれいな言葉を使っても、心が感じなければ、上辺だけの言葉だなとすぐわかります。苦し紛れの言い繕いもしかり。相手は敏感に察知していることが多いのです。

じつは私、何年か前の父の年忌法要の際に、お寺のご住職に叱られたことがあります。

当時の私は多忙を極めており、「忙しくて行けそうにありません」とご連絡したときでした。するとご住職は「忙しさにかまけての言い訳はよろしくない」とピシャリ。

確かに、忙しさを大義名分にしようとした私の心の中に、なんとしてでも行きたいという気持ちが欠けていたことに気づかされました。どうしようもない事情が発生したならまだしも、「忙しい」は都合のいい言い訳にすぎないと見抜かれたのですね。

もう反省しきりでした。

人は、人をよく見ています。上辺だけの発言や急ごしらえの立ち居振る舞いはすぐにバレてしまいます。

よく、美辞麗句を並べただけの薄っぺらな言葉を耳にすると、「この人の言葉は通り一遍で心に響かないな」と思うことってありますよね。そのへんはみんなもお見通し。

それだけ言葉というものには、言霊《ことだま》が宿っていると私は考えます。心の底から発した言葉というのは、重みが感じられるのです。

相手を思いやる気持ちというものは、たとえ言葉が少なくてもなんとなく伝わってきます。とくに大変な状況にあるときほど、その思いはダイレクトに届きます。多くは語らずとも「大丈夫？　心配しているよ」の一言が励みになったりします。

要は、気持ちが大事なのですね。

「忙しい」は都合のいい言い訳

心にゆとりがないときは、なかなか人にやさしい言葉をかけられないものですが、大変ななかでも思いやりの気持ちを忘れないことが肝心。「あまり連絡できないけど、いつも思っているからね」というメッセージを送るだけでも、相手に心が伝わると思います。

手紙にこめる私の想い

近頃は携帯電話のラインやメールで連絡を取り合う方が増えています。そうした簡単便利な通信手段に慣れるにしたがい、お手紙を書く機会が減ってきたのではないでしょうか。

そんななか、たまに手書きのお手紙をいただくとうれしくなったりしませんか？　手書きの文字でしたためられた手紙は、活字で打たれたものより温かみが感じられ、手紙を書いてくださった方の気持ちがストレートに伝わってきます。何度も読み返すことができるのも手紙のよさです。

私は二〇代の頃から、お礼状やごあいさつの手紙は、必ず手書きしたものをお送りしています。きっかけは、修業時代にいろいろと教えてもらった澤飯公子さんから「お礼状は、下手な字でもいいから手書きで書くことが大切」といわれたためです。

いまは、お礼状はもちろん、仕事でお世話になる方たちに「本日はよろしくお願いいいたします」と筆字で書いた手紙をお渡ししています。

私が、仕事で初めてお会いする方にも事前にお手紙をお渡しするのにはわけがあります。

もしかしたら、自分では気づかないところでいつ失礼があるかわからないでしょう。だから最初のごあいさつはきっちりしておいたほうが、誤解が生じることも少ないような気がするのです。

初めてお会いする方でも、一筆書いてごあいさつにうかがうだけで距離感が縮まると思っています。

手紙を書くときに気をつけているのは、相手の方との距離関係を考慮した言葉遣いです。

対面で直接話すのとは違い、手紙は一方的に送るものなので、書き言葉にするとこちらの思いがうまく伝わらないことがあります。書きようによっては、誤解を生むことにもなりかねません。

だから適切な言葉を選び、ていねいに心をこめて書くことがいちばん大切だと思っています。


ただし「ていねいに」というと、手紙の定型文例にあるような季節のあいさつ文を入れることと思われがちですが、お手本通りにそのまま書き写したのでは心が感じられません。

形式を重んじて儀礼的な文を入れるよりも、自分の言葉で綴ったほうが心に響くはずです。

私の場合は、最初に季語の代わりとして季節の花の名を書き、「ご無沙汰しております」「先日はありがとうございました」というようにすぐ本文に入ります。

手紙の書き方は自由で、文字のうまい下手は関係ありません。大事なのは、自分の思いを素直な気持ちで綴ること。相手を敬い、誠意をもって書いた手紙は、その心がしっかりと胸に届きます。

「言葉はていねいに、心をこめて、礼儀だけは忘れないこと」が基本姿勢。人に会えない時期はなおさら、大事な方に手紙を書いてみてはいかがでしょうか。

その手紙が絆をいっそう深めてくれると思います。

第三章

幸せ運を引き寄せる生き方

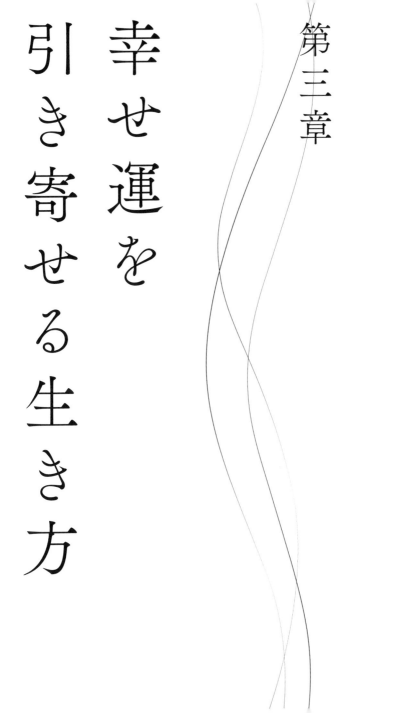

運は自分で切り拓くもの

運命は変えられる！

私はもともと「勘」が鋭いほうです。勘が働いて、危機一髪で難を逃れたり、すんでのところで命拾いしたりしたこともあります。「何かおかしな感じがする」「もしかしたら、こうかも？」と思ったことは、あとで「ああ、やっぱり」となることが多く、そのため自分の直感を大事にしてきました。

人は分かれ道に立ったとき、自分の選択によって人生が大きく変わってきます。「あれが運命の分かれ道だった」と、あとで思い返すことってあるでしょう。

私の人生を振り返ってみると、何かを決める際、直感が働いた部分と、運が味方したと思えることがあります。

人にはある程度の定められた宿命というものがあるにせよ、運命は自分の努力次第で変えられると私は考えています。

どういう親のもとに生まれるか、その時代や育った環境など、自分の意思で変えられないものもありますが、その後の人生の歩み方は自分の考え方や選択の仕方にかかってきます。

人生で成功した人の多くが、「運がよかった」という言葉を口にします。「運も実力のうち」といいますが、よい運を引き寄せた背景には、人一倍努力した積み重ねがあるのだと思います。

でもそういう人ほど「いいタイミングで、いい流れがきたおかげ」「いい導きがあったから」と感謝の気持ちをもち、「自分の力だけでこうなったわけではない」と謙虚な心で受け止めているようです。

私は逆境に置かれても、それをはねのけるために人一倍努力してきました。美容家としての実力をつけることで現在のIKKOとなりましたが、天の見えない力の助けもあったと感じています。

そういう経験から、「運気」というものに対する見方やその切り拓き方に敏感になりました。

「開運」とは、自分の運命を開拓すること。運は切り拓くものです。運の開拓者となって、ツキを呼ぶ運気を招き入れるにはどうしたらいいか……。

この章では、私がよい運気を招くために実行していること、おすすめしたい幸運の招き方についてお話ししたいと思います。

運のいい人は、感謝と謙虚な心を忘れない

笑顔が福を呼ぶ

「笑門来福《しょうもんらいふく》」という言葉があります。「笑う門には福来たる」ともいいますね。

いつも笑っていると、いいことがたくさん起こるのは間違いありません。まず口角が上がり、表情筋が動くことで老け顔になりにくい。にこやかに過ごしていると、体の免疫力もアップしますからね。

私の母はよく「気に食わないことでふくれっ面をしていたら、損をするよ」といっていましたが、これは真実。

不機嫌そうな顔をしている人には、誰だって近寄りたくないと思いますよね。そうすると、すてきな耳より情報だって入ってこなくなります。「それを早く知っていたら！」「知らずに損をした～」となりかねません。

母の金言をもう一つ。「クヨクヨしたって仕方がない。悩まない、悩まない！　一生懸命やっていれば、なんとかなるから」。これは、私が弱音を吐くと、必ず母からいわれた言葉です。

あれこれ悩んで暗い顔をしているより、気持ちを切り替えて「なんとかなるさ」と明るく前を向いて生きれば、物事が好転すると伝えたかったのでしょう。

その教えが私の意識に刻まれていたからこそ、何があっても乗り越えられたような気がします。

人は、自分を明るくしてくれるものに引き寄せられます。いつも人からお声がかかり、周りに人が集まる人は、その明るく温かな気質が人を引き付けるのだと思います。

自分の気分が落ち込んでいるときは、なおのこと。エネルギーの感じられるものを求めたくなります。それは、つねに日の差す方向を向いて咲くひまわりにも似ています。

私はいつも明るい光の差すほうだけを見つめ、光を見失わないように生きていきたいと思ってきました。困難な状況下に置かれても、けっして暗くならず、自分が明るくなれる小さな光を見つけていくようにすると、停滞していた空気が変わり始めるからです。

コロナ禍が始まって世の中のすべてがストップした当初、私は朝から晩までずっとニュースを見てばかりいました。いま、世の中で何が起こっているのか皆目見当がつかず、先が見えなくなっていたのです。しかし、不安をかき立てるニュースを見ているうち、ますます動揺してうつうつしてくるばかり。

そこである時期から「考えてもどうにもならないことは考えない」と決めました。その代わり、自分がご機嫌になれることを見つけて、気持ちを切り替えるようにしたのです。

例えば、早朝のウォーキングや自宅でのガーデニング、人気の韓国ドラマや見逃した映画などを動画配信で鑑賞しながら、日常の中で小さな幸せ時間をもつことにしました。

すると心にゆとりができたほか、たまっていた疲れがとれて、体力も回復。自分の中に、未来に向けた構想や夢が広がってきました。そのときの私は笑顔を取り戻していたような気がします。

つらいときほど笑顔を忘れないことが、ダウンした運気をチェンジさせる方法。先人たちが「苦しいときは笑え」といったのは、暗い顔をしていると運も逃げていくといいたかったのだと思っています。

無理にでも笑っていると、脳が「いまは楽しいとき」と判断して自律神経系に指令を出すため、心も体も元気になります。

体全体に明るい元気オーラが出てくると、いやなものを寄せ付けない力が備わるようです。明るく元気な人には、やっかいな災いをもたらす疫病神も「ここはお呼びでない」と退散するに違いありません。

暗い顔をしていると運が逃げていく

その日のストレスはその日に浄化

不運、悪運、厄難という言葉が頭をよぎるのは、つらい出来事が立て続けに起こるとき。運気には上がったり下がったりのバイオリズムがあり、いやなことが連続して起こるときがあります。

私の場合、二〇二二年がそうでした。愛犬が亡くなり、私もコロナに感染するなど、ほかにもいろいろ悲しいことがあってメンタルが弱りそうになった時期でした。

そんなときは、頭ではわかっていても笑顔にはなれない日々が続きます。当然、周りの空気もどんよりと重くなるばかりです。

そこで、これではいけないと一念発起。いまの流れを断ち切るために、心のスイッチングをしようと思い立ちました。いやなことを考えないようにして、気持ちが明るくなることだけに意識を向けたのです。

「悲しいなあ。大変だなあ」と落ち込んでばかりいると、また悪いことを招いてしまいますからね。

心のスイッチングで効果的なのは、小さな幸せや小さな喜び、小さな感動に目を向けることです。

仮にその日、イライラすることがあったら、少し外に出て散歩をしたり、落ち着いたカフェでゆっくりお茶を飲んだりして気分転換をしてもいいでしょう。

そのとき、道端に咲いている花を見つけたら、「きれいだなあ」と心を寄せたり、街の情景をながめながら「平和な世の中はありがたいなあ」と日常の幸せをかみしめたり、喜びの心をもつようにします。

つまり、頭の中で楽しいことだけを考えるようにして、いやなことを頭から追い払うことが目的。その日のストレスは引きずらないように、早く忘れることがいちばんなのです。

暗い流れを断ち切るために、楽しいことだけを考える

「自分騙し」の効用

私は、脳の思い込み癖という現象に注目しています。

痛い、いやだ、悲しい、気に入らないといった、負の感情が脳の記憶中枢に刻まれると、それがふとしたときに出てきます。

例えば、ずっと痛みを感じ続けてきた人は、その感覚を脳が覚えていて、実際は痛くないのに、脳の記憶が作用して痛みを感じる場合がある

そうです。

反対の例としては、「君ならできる」「絶対に大丈夫」と何度も暗示をかけられているうち、本当にできたという話もあります。

さまざまな場でイメージトレーニングなどの訓練が取り入れられているのは、体も心も、脳の作用が大きいからでしょう。

よくない流れも、脳のイメージトレーニングで変わるようです。いやなことがあったときには、無理にでも楽しいことに意識を向けるようにして、「自分騙し」をするのがおすすめ。

大女優の杉村春子さんも「いやなことはすぐ忘れて、その記憶を脳から追い払うことが大事」とおっしゃっていたことを思い出します。そうやっていいことだけをイメージし、切磋琢磨していたのでしょう。いいことをイメージしているとそのようになり、反対に悪くなることを案じてばかりいると不安が的中したりしますからね。

「思いは具現化して現実になる」といいます。

芸能界でも、小さい頃から「私は絶対に歌手になる！」と思い続けてきたら、本当に夢がかなったというような話はよく聞きます。

私は日頃から、「いいことがたくさんある！」と自分に言い聞かせています。思い込みというものをいいほうに利用して、「大丈夫、大丈夫」と思っていると、実際にうまくいくから不思議です。

周りを見ても、いい思い込みで生きている人は、いい流れに乗っているのがわかります。「私は絶対に大丈夫」と強く思い込んでいる人は、その通りになるのかもしれません。

自分の中に何か「これがあるから大丈夫」「これをやっているから心

配ない」といった心の拠り所があると、生きる力にもなりそうです。

いい思い込みで生きると、いい流れになる

脳を幸せ色に染める

私は四〇代のある時期、仕事で行き詰まっていたときに、「いま、あなたの頭の中は何色になっていますか?」と人に聞かれたことがあります。

そこで自分の心に照らし合わせてみると、ピンクじゃないことは確かだわと思いました。

ピンクは幸せ感を表す色。心が晴れやかでウキウキしているときは脳

も幸せ色になり、逆にうつうつしているときは脳の色もくすんでくるようです。

いやなことやうれしいことは脳に伝わって記憶され、それが思考回路にも影響を及ぼすと知ったのもその頃。

ならば私は、あえて元気カラーや幸せカラーを頭の中に思い浮かべて、脳が「いまは元気で幸せな状態」と認識するようにもっていこうと考えました。そうすれば、心も元気を維持できるに違いありません。

さらに、頭でイメージするだけでなく、身の回りに元気になれる色のものを置くと、目から脳に伝達されて「元気信号」が送られてくるはずと考えました。

色には力があります。

例えば、赤い色の服を着ると元気が出てくる感じがするでしょう。赤は血液の色で、生きていく力やパワーに通じます。

今日はなんとなく元気がないなと思ったら、洋服やスカーフ、アクセサリーなどに赤やピンク、オレンジ、イエロー、鮮やかなグリーンなど、元気になるビタミンカラーを取り入れてみてください。モノクロの洋服なら、差し色のアクセントとなる小物や光り物をつけるだけでもいいでしょう。

洋服に限らず、部屋に色鮮やかなお花を活けたり、インテリアにビタミンカラーのものを置いたりするのもおすすめ。色の力がエネルギーアップにつながります。

私は家にいつも赤い色の花を飾るようにしています。絵画の額縁のほとんどは、成功の象徴を表すゴールドです。

そういえば、中国料理店にはよく赤色に金色をあしらった提灯や小物が飾られていますが、中国では赤や金色は繁栄と幸運を招くものとして使われる伝統があるとのこと。長い歴史の中で語り継がれてきた「色の効果」を大事にしているのでしょうね。

自分の心を元気にする色に囲まれていると、たとえ落ち込むようなことがあっても、心の揺れを立て直してくれる効果があります。ぜひお試しください。

色には力がある。身の回りに元気カラーを置く

開けたら心ときめく冷蔵庫に

私は、つねに自分の見える景色を美しくしようと心がけてきました。自分を取り巻く環境も人間関係も、周りの景色をきれいな状態にしておくと心が安定し、「気」の流れがよくなるからです。

冷蔵庫の中も同じ。一日に何度も開けて、目にするところだからこそ、見た目もきれいにしておくべきだと気づきました。

というのは、少し前までのわが家の冷蔵庫は、ぎゅうぎゅう詰めになっていたからです。

食材が傷んだらもったいないし、何度も買い物に行かなくても済むようにと、冷蔵庫にあれこれ詰め込んだ結果、庫内はぎっしり。それまでも作り置きの惣菜は密封容器に入れ、食材もきちんと整理して収めていましたが、まるで食材の物置のようになっていたので、「冷蔵庫は物置じゃない」と反省しました。

そこで、開けた瞬間、目に入る景色が美しく感じるようにしようとリニューアル。まず、上の一段目と二段目は色とりどりの食材をガラスの瓶に入れて、目を楽しませることにしました。

例えば、赤いプチトマト、黄色いパプリカや緑のキュウリの野菜スティック、白色の手作りヨーグルトに、黒色の昆布や茶色の椎茸など、いままではそれぞれ密封容器に入れて重ねていた食材を、ガラスの瓶に入れて「見える化」したのです。

医食同源の考え方によると、五色の食材をバランスよく摂れば健康にいいとされています。加えて、ビタミンカラーの食材が目に入ってくると、これを食べて元気になろうと思えてきます。

これまで通り、帰宅してすぐ食べられるように作り置きした煮物などのお惣菜は、密封容器に入れて保存していますが、冷蔵庫の中が美しい色で彩られているだけで心がときめきます。きれいなお花畑を見ているような感覚でしょうか。

冷蔵庫の中を進化させると、時間や食材の無駄が省けるだけでなく、体力温存と健康的な食生活にも一役。開運も、元気な体あってこそです。

みなさまも、お料理することが楽しくなるような、冷蔵庫の整理から始めてみませんか？

宝づくしの人生に

気は澱ませず、つねに循環させて

家は、英気を養う充電スポット。美しい環境は美しい心を養ってくれますが、汚いところにいると心も乱れてしまいます。

私が家の中をいつもきれいにしているのは、心の安定と美意識を高めるためと書きましたが、もう一つ、環境の「気」を清浄にして、邪気を入れないためという意図もあります。

開運につながるよい「気」が流れるように、掃き清めて浄化しているのです。

日本の神様は汚いところがお嫌いで、きれいなところに宿るといいます。年末に大掃除をして、歳神様《としがみさま》を気持ちよくお迎えする準備をするのは、そういう意味もあるのでしょう。


私はここ数年、「断捨離」にも精力的に取り組みました。

ただし、何も物がない殺風景なところにいると、感情が無機質なものになりそうだったので、華のある空気感は保っておこうと思いました。物に対する愛やこだわりはなくさないようにしつつ、自分が楽に生きられることを目的にした断捨離です。

必要と思われるものを厳選し、と同時に、心の引き出しにいっぱい詰まっていたものも整理しました。いったん空っぽにした段階で、次に進むべき道をじっくり考えてみようと思ったのです。

自分が溜め込んでいたものを思い切って手放したら、そのとたん気が楽になって、心がさわやかになります。

不思議なことに、何かを捨てると新しいものが入ってくるようです。新しい流れを促して、いい「気」を呼び込む効果があったのでしょう。少しずつ、人生の流れが好転してきました。

風水的には、良運を招くには家の「気」を滞らせないようにすることが大事といわれます。人生の「気」も滞らせず、いつも循環させて回していくと、新たな「気運」を引き寄せます。

ここで思い出したのは「行雲流水《こううんりゅうすい》」という禅語です。

意味は、空行く雲や流れる水のように澱《よど》みなく、一定の形をもたず、深く物事に執着しないで自然の成り行きに任せること。心も、流れる雲や水のように、つねに浄化していくことが大切なのですね。

心は、さまざまな思いで知らず知らずのうちに澱んでくるものですが、心の「気」は溜め込まず、つねに流していくことが大事。心も環境も、きれいな状態にしておくと、幸福の神様が微笑んで応援してくれると思います。

流れる雲や水のように、心もつねに浄化していく

直感が働くように五感を研ぎ澄ます

「困ったときの神頼み」。

これはみなさんも何度かされていることでしょう。神社などに行くと、

お願いごとをする方も多いはずです。

でも神様にはまず、感謝を申し上げることが大事。人間社会においても、お願いごとばかりしてくる人はなんだかなあと思いますよね。神様も、常日頃から「いつもありがとうございます。感謝しています」といっている人には、「困っているなら力になろう」となるような気がします。

ここ数年、パワースポットブームが続き、聖地と呼ばれるところを訪れる人が増えています。でも、そこに行ったからといって幸運が舞い込んでくるとは限りません。確かに、エネルギーの高い場所はあると思いますが、御利益があるかどうかは別問題です。

それよりも、自分の感覚で「ここは気持ちのいい気が流れているな」と感じたら、何も考えずにそこの空気に浸ってみてください。

心をまっさらにした状態で、いい気を浴びると清々しい気分になります。つまり心が浄化されるわけですね。

そうすると心機一転、また新たな気持ちが湧いてきて、次のステップに進む道筋が見えてくるかもしれません。


私はいい気が流れているところと、あまりよくない気のところを直感的に見分けることができるようになりました。

場所の良し悪しもそうですが、人生の岐路とまではいかなくても、生きていると「行くべきか、やめるべきか」「こっちがいいか、あっちにすべきか」と判断しなければいけないときがあります。

私は「なんとなくいやだな」と直感が働いたときは、自分にストップをかけます。でも「あ、これだ」と思ったら迷わずGOです。

そうやって、いま吹いている風のどれに乗るべきかを見極めるようにしてきました。

いい風なのか、悪い風なのかを嗅ぎ分けるためには、日頃から五感を研ぎ澄ませていくことが重要です。視覚、聴覚、嗅覚、味覚、触覚の五感をフルに働かせ、自分の感覚を磨いていくと直感が働くようになります。

「ここの空気は甘いな」「この水はまろやか」「木洩れ日の香りがする」など、普段は気づかない感覚に意識を向けていくと五感が敏感になります。

そこから徐々に直感が働き始め、自分の人生にとって重要なものを見逃すことなく、いい運気にも乗れるようになるはずです。

ここで大切なのは、無私の状態になること。私は繰り返し「心の浄化が大切」といっていますが、邪念があるとおかしな道に導かれかねないので、清らかな気持ちでのぞんでくださいね。

いい風か、悪い風かを嗅ぎ分けるために、直感を磨くことが大切

運やお金に愛される人になる

近頃は、「老後が心配だから、できるだけ貯金をする」という若い人たちが増えているそうです。このご時世、若者に限らず、将来に不安を覚える人は少なくないと思います。

いちばんの不安材料は、お金でしょうか。お金はたくさんあれば、それに越したことはありませんが、だからといって、お金があるからその人が幸せとはいいきれません。お金を貯め込むことだけにとらわれてい

る人が本当に幸せかといえば、それも疑問です。

「お金＝権力」と勘違いしている人もいますが、周りでへつらう人は上辺だけなので、どこかに孤独を感じている場合があります。心の寂しさを、お金や物で穴埋めしている人も多いはずです。

ときとして、お金は心の闇を生みます。いくら入ってきても満足しきれず、「さらにもっと」と求め続けているうちに、心が負の無限ループに陥ってしまうからです。

だから大きなお金を手にしたら心の浄化も必要です。欲深くなりすぎると、本当に大切なものを失ってしまいます。

世界的な富豪が世の中のために役立つお金の使い方をしているのは、心の浄化をする意味もあるのでしょう。

お金は貯めるだけではなく、ある程度有益な形で動かしている人のほうが回ってくるようです。資産家の人たちを見ても、お金があるからといってどうでもいいことには使わず、きちんと使い道を見極めてメリハリをつけていることがわかります。

「私って、いつもお金がなくてツイていない」という人がいるなら、それはお金に愛される生き方をしていないためかもしれません。

お金は、暗い気持ちで過ごしている人のところには寄り付きません。お金に好かれる人は、まず明るい人。にぎやかで活気のあるお店が繁盛しているように、お金は明るいところが好きなのです。

でも、一攫千金《いっかくせんきん》を夢見たりしないでくださいね。そういうお金を手にすると、心の闇と不幸を招きがちです。

お金は努力して稼いでこそ、その価値がわかり大切にできるもの。お金に感謝の気持ちも生まれます。

私はこれまでの人生経験を通して、お金には意思があるのではないかと感じることが多々あります。

例えば、ずるいやり方でお金儲けをしている人には一時的にお金が入ってきても、お金はじっとその人を見ていて、これはだめだとわかったギリギリの段階で突き放すように思えてなりません。

逆に、人の喜ぶ顔を想像しながら、生きたお金を回している人のことは見限ったりしないようです。

お金って、人の喜ぶところに集まるのですね。

ところで、お金があるのに「ぜんぜんない」という人がいますが、これはお金に嫌われることになりかねないので要注意。言霊はお金にも作用するので、マイナスの言葉は使わないようにしましょう。

たとえ実情は苦しくても、幸せそうに心豊かな暮らしをしているところにお金は寄ってこようとします。

そうしたことを踏まえて、人生にお金や運のツキを呼び込むために大切な第一段階は、まず心が明るくなる日々を送ること。マイナス思考にならず、心配や不安な心を手放すことが大事です。

心の魂を弱らせないように、自分が安らげる環境作りやいやなことを遠ざける工夫も必要でしょう。

お金も運も、清らかな気持ちで笑って暮らしている人のところに寄ってきたがるということを、ぜひ心に留めておいてください。

明るく心豊かに暮らしている人が、お金も運も引き寄せる

すべてのことに意味がある

幸運も不運も、生き方次第

私は欲をもつことが必ずしも悪いとは思っていません。

「何かが欲しい」という気持ちが上昇志向につながって、成功や幸せに導かれることだってあるでしょう。欲は生きるパワーになるからです。

ただし、「欲にまみれる」のは別。

我欲が強すぎると周りが見えなくなり、人に対する思いやりの心も失われてしまいます。

私は、幼い頃の家庭環境や周りの大人たちの態度を見ながら、「お金のあるなしで対応に差をつけられ、人に見下されるような生き方はしたくない」と思って生きてきました。権力やお金にひれ伏すような生き方はけっしてしたくないという思いが、強いチャレンジ精神につながっていきました。

お金には執着しないタイプですが、一流の人間になりたいという欲があったから、ここまでこられたという気がしています。

自分の利しか考えない人間にならずに済んだのは、自分より人のことを優先した父の教えのおかげです。

もし欲深い人間になっていたら、人の引き立てもなく、いい運気の流れもこなかったでしょう。

幸せ運というものは、利他の心をもつ人に訪れます。

「利他の精神」とは、相手または他人の利益や便益を重んじること。でもそれは、自分を犠牲にしてまで人に尽くすというのとは、ちょっと違います。

自己犠牲が大きいと、つい相手に見返りを期待したり、「こんなにしてあげたのに」と不満が出たりするものでしょう。純粋に「相手の喜びが自分の喜び」と思う境地が利他の精神です。

「人によかれ」という心で行動していると、その相手だけでなく、巡り巡って自分にもよいことがもたらされます。「情けは人のためならず」というでしょう。

「私ってラッキーなことが多いの」という人は、日頃から他者のために尽力したり、思いやりの心をもって接してきたことが大きいのかもしれません。

また、つねに感謝の心を忘れないことも大切です。

「ご飯をおいしく食べられてありがたいな」「今日も無事に一日が終わったことに感謝」というように、日常の幸せに心の中で手を合わせる気持ちをもっていると、目に見えない存在が守ってくれると私は信じています。

私は父が亡くなったあと、お寺のご住職に「これからはお父さんが、後ろからずっと見守っていてくださいますよ」といわれました。その言葉通り、私はいつも自分の背後に父の存在を感じ、父が「それでよし」といってくれるような生き方を心がけています。

聞くところによると、人にはそれぞれ守ってくれる守護神なる存在がいて、きれいな心をもってきちんとした生き方をしていなければ、悪《あ》しき守護神に入れ替わるのだそうです。

「類は友を呼ぶ」という諺《ことわざ》があるように、よこしまな思いを抱いている人には似たような人たちが寄ってきがちですが、それとは反対に、清らかな生き方をしている人のそばには、変な人は近づいてこないもの。自分を守ってくれる存在にも、そういう理《ことわり》が働いているのでしょう。

私は「天に恥じない生き方をしよう」と胸に刻んでいます。つまるところ、幸運も不運も、自分の生き方次第といえますね。

欲深い人には、いい運の流れはこない

日本古来の伝統文化には先人の教えが

日本には「ゲン担ぎ」といわれる風習が残っています。地域によって文化風習は異なりますが、人々の間で長く受け継がれてきたことには、それなりの意味があると私は思っています。

例えば、お正月にしめ飾りやお供え餅など縁起のいいものをしつらえるのは、新年をよりいいものにしたいと願う前向きな気持ちの表れ。

おせち料理も、無病息災を願うゲン担ぎです。

漢字では「御節」と書き、神様に五穀豊穣を感謝して供える「御節供《おせちく》」に由来しています。

昆布巻きは「よろこぶ」に通じ、数の子は「子孫繁栄」を願って、栗きんとんは「黄金色の財福」を表し、黒豆は「勤勉で健康に暮らせるように」など、いろいろな願いがこめられています。

つまり、「宝づくしの福禄寿」を盛り込んだ縁起物の料理を、口から体の中に取り込むことによって、幸せを引き寄せようと願ったのでしょう。


暦の二十四節気では、立春が一年の始まりとされます。

節分は立春の前日に当たり、大晦日のようなとらえ方。厄を祓《はら》い、心の中にたまった澱《おり》もいっしょに捨てる豆まきの行事をしてきました。災いや邪心を鬼に見立て、祓い浄《きよ》めながら心を律してきたのです。

鬼は、負の感情をもった心のすき間に入り込むといわれます。例えば、欲深い野心を抱いていると、その野心をそそる巧みな誘い話やよからぬ人が寄ってくるものです。そうしたことへの注意や戒めの意味もあったと思います。

節句は「節供」ともいいます。季節の節目に行われる行事のことで、奈良時代に中国から伝わり、邪気を祓う行事として定着したということです。

一月七日の「七草の節供（人日《じんじつ》）」、三月三日の「桃の節供（上巳《じょうし》）」、五月五日の「菖蒲の節供（端午《たんご》）」、七月七日の「笹の節供（七夕《しちせき》）」、九月九日の「菊の節供（重陽《ちょうよう》）」を「五節供」と呼び、季節の節目に、その時期の植物をお供えして無病息災を祈ってきたのですね。

季節の行事一つひとつには、意味があります。その意味を知ると、先人の教えに気づかされます。

季節の節目ごとに自分を振り返り、清めて正しく律していきなさいという意味もこめられています。

近頃は伝統的な日本の文化風習が薄れつつありますが、「縁起」を重んじ、厄難を退けるための習わしは、目に見えない存在への畏敬の念があってこそ。

万物に宿る八百万《やおよろず》の神々に感謝し、無事を祈るという日本人の心は大事にしていくべきだと思います。

季節の節目ごとに、自分を清く正しく律する

「風の時代」をどう生きるか

西洋占星術というものが、日本で広く知られるようになったのは近年。いわゆる「星占い」と呼ばれているものですね。

占星術の歴史は古く、その起源はメソポタミアとされ、紀元前二〇〇〇年頃からインドや西洋諸国で発達してきました。天体が地球に及ぼす影響を研究し、人々を導く指針にしてきたとされます。

古来より星の動きによって社会に大きな動きがあるといわれてきましたが、星の位置と歴史的事実を照らし合わせてみると、あながち間違っているとは思えません。

その西洋占星術の観点で星回り的にいうと、二〇〇年以上続いた「土の時代」が終わり、二〇二〇年末から「風の時代」に入ったのだそうです。

「土の時代」は産業革命から始まり、物質や形あるもの、経済が優先された社会。

一方、「風の時代」は、物質より情報や知識、思考力など形のないものが重視される社会になるとのこと。

その兆候はすでに表れており、これから世の中の価値観が大きく変わっていくものと思われます。

「土の時代」から「風の時代」に移ったことで、多くの変化が見られるようになりました。

二〇二〇年といえば、全世界がコロナ禍に見舞われ、日常生活が一変。人と人が直接会って物事を進めてきた社会が変化を余儀なくされ、リモートでの仕事やネットショッピングなども当たり前になりつつあります。人と会わずに済む日常が常態化するにつれ、ＡＩが人に取って代わる日も近いことでしょう。

しかし、ＡＩに優れた仕事はできても、人間の魂にある情愛や心遣いという部分はカバーできません。なので、これからの時代は、豊かな感情と人間味あふれる心をしっかりもっている人が生き残っていけるような気がします。

私は、「風の時代」という言葉を聞いたとき、すぐさま心が反応しました。

そこで感じたのは、この時代の「風」にふわふわとした軽い気持ちで乗ると、予想もしない難儀な深みにはまって吹き飛ばされてしまうなという予感です。

苦労を知らずに育った若者には厳しい世の中になるかもしれません。しかし、自分なりの価値観をもち、人生の深みを知りつつ、あらゆることに柔軟に対応できる人は、どんな風が吹いてきてもうまく乗っていけるはずです。

風の流れは読めません。昨日の風が明日には変わることもあります。風向きの突然の変化でもパニックにならず、すんなりと流れに沿っていける人は強いと思います。

そのためには、重い肩の荷を下ろして身軽になっておくことです。すると心が軽くなり、風の流れに沿っていけます。

心や頭を柔らかくして、いいものをどんどん取り入れていくと、人間としての幅も広がってきます。

「土の時代」にしっかりと地に足をつけて生きてきた人は、土台はできています。

人生の深みを知った上で柔軟性をもち、何があっても臨機応変に対応

できる人は右往左往することなく、新しい時代の風に乗って行けること
でしょう。

柔軟な対応力で、風の流れに沿える人が生き残っていく

第四章

これからの人生を輝かせるために

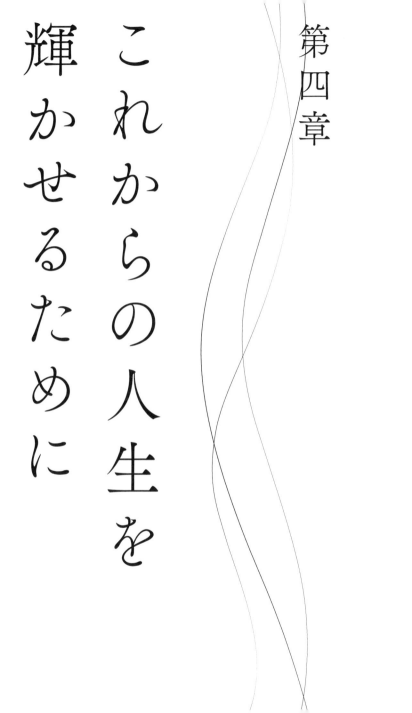

本当の美しさを手に入れる

「お手当て」で肌も心も元気に

いくつになっても美しくありたいと思うのは、女性共通の願いです。だから肌がボロボロ状態になると、もうそれだけでこの世の終わりのような、不幸せな気持ちになりますよね。体はまだ洋服でカバーできますが、肌はいちばん目につくところですしね。

昔と違うのは、肌を見ると、その人の生活レベルがわかること。

昔は洋服や宝石、毛皮など、その人が身に着けるもので判断する傾向がありました。いまは、肌がきれいな人は生活に余裕がある人と見られます。というのは、お金があって時間に余裕がある分、肌の手入れもしっかりできるからなのですね。

でも大丈夫。きれいな自分をあきらめてはいけません。

肌に関していうと、年齢を重ねても、仮に肌トラブルがあっても、日頃のお手入れで美肌を作っていくことができます。

ポイントは、肌の成分に近いものを補っていくこと。肌の弾力を保つコラーゲンや、肌免疫をアップさせる成分の入った化粧品が効果的です。私は自分の研究に基づいて、厳選した幹細胞成分を配合した化粧品をおすすめしています。

年齢とともに肌に力がなくなっていくのは、仕方のないこと。

ただ近年の研究分析では、肌老化の原因は加齢によるものが二割、残りの八割はほぼ紫外線のダメージによるとの結果が出ています。

なので、日中に紫外線をブロックするスキンケアをしながら、根っこの幹細胞系に働きかける化粧品でバリア機能を上げていくと肌の衰えを抑えることができます。

いまは、抗酸化作用のあるものや、常在菌のバランスをとる化粧品などいろいろな種類の化粧品があるので、含まれている成分をよく見て自分基準でチョイスしていくといいでしょう。

一方、長く続いたマスク生活に懸念されるのが、表情筋の衰えです。顔の筋肉が凝り固まると老け顔になってしまうので、マッサージのほか、顔全体を動かして笑う生活を心がけると肌も心も元気になります。

そもそも、年齢とともに肌に張りがなくなり、たるんでくるのは、地球の引力も関係しています。下に落ちていこうとする力を、引っ張り上げる筋力が衰えてくるからです。

筋肉は、使わなければすぐ衰えてきます。肌のケアと並行して、顔の筋肉を大きく動かす時間も意識的に作ってくださいね。

私は朝起きたらまず、顔を両方の手のひらで包むようにして肌のチェックをしています。いまの肌の状態を、手のひらの感触で確かめるのです。そこで肌トラブルがあれば、その原因についてはだいたい思い当たるもの。少し食べすぎたかな、睡眠不足かな、疲れがたまっているかな、とわかります。

肌は正直。内側にある問題がすぐ表れます。ましてや、心に澱があると自然と眉間にシワが寄り、美しい顔にはなれません。

心が晴れないときは、手のひらをそっと顔に当てて少しの間、手の温もりの感触を味わってみてください。よく、人に手を握ってもらったり、背中を触ってもらったりすると落ち着いたりするでしょう。これが「お手当て」といわれるゆえん。

手の温もりは、人を楽な気持ちにさせます。手を当てながら「気楽に、気楽に」「大丈夫、大丈夫」と自分に言い聞かせていると、メンタルケアにもなります。

表情筋の衰えを、笑う生活で撃退

顔は心の写し鏡

肌のお手入れは完璧なのに、どこかくすんだ印象を与えてしまう人がいます。それは、その人の心の状態が顔に表れるため。顔は脳に直結しているので、心の有り様が肌にも反映されます。

たまった疲れやストレスは、肌のコンディションに悪影響を及ぼしますが、それだけではありません。怒りや悲しみ、悩みがあって気持ちが上向きになれないときは、顔つきや表情に翳《かげ》りが出てきます。

顔は、心の写し鏡なのです。

顔には、自分の人生経験や生き様、性格がはっきりと表れます。

例えば、年を取ってもピュアな心の人は、顔にシワが刻まれていても美しく感じます。その逆もしかり。たぶん、自分の思っていることが脳に伝達されて、それが顔つきや表情に表れてくるのでしょう。

人の美しさを見極めるとき、近距離で見た美しさと遠距離から見た美しさがあります。

みなさんに目指していただきたいのは遠距離美人です。近距離で見る美しさは外面的な判断になりがちですが、遠くから見ても美しいと思われる人は、心の美しさが体全体の佇まいに表れます。本当の美しさは内面的なものによるところが大きいのです。

私はそのことに気づいてから、心を美しく保つための自己管理術に目を向けるようになりました。

とくに六〇代になってからは、人生のすべてにおいて、もう無駄遣いはしないと心に決めました。時間もお金も、エネルギーも心の揺れも、これからの人生に必要ないと思ったものはカット。それが心の安定につながると思いました。

心豊かな生き方をしている人は、年齢に関係なく美しい。曇りのないきれいな心は、「いい顔」を作ります。いくつになっても美しい心で、いい顔の自分でありたいものです。

心の有り様が肌にも反映される

美しい佇まいと品格を意識して

「美人に生まれたかったわ」。そんな声をよく耳にします。

でも、顔立ちはそれほど美人というわけではないのに、美しいと感じる人っていますよね。反対に、目鼻立ちが整いお化粧も完璧で、ゴージャスに着飾っていても、なぜか美しく見えない人がいます。

その違いは、全身から漂ってくる品位の差によるものかもしれません。

美しい佇まいと品格が〝キレイ〟を際立たせ、より美しく感じさせるのです。

しかしそこで、「私はもともと品格とは縁がない人生だから」とあきらめてはいけません。品格は、あとからいくらでも身に付けることができます。

私が育った炭鉱町は、ある有名小説で「下品の極みの町」というレッテルを貼られたためか、よく「えー、あの町のご出身なの?」といわれたりしました。

そうした経緯もあり、自分の中から下品なところを取り去っていかなければ、本物の美しさは手に入らないと思ってきました。高価な超一流品を身にまとっていても、内面に気品が感じられなければ、お里が知れるといわれるだけ。それで、品格を磨くためにはどうしたらいいかと考えるようになったのです。

私は子どもの頃から、すてきな女優さんの出る映画やドラマを観て、あこがれを抱いていました。自分がその役になりきって、せりふや仕草をまねたりしたものです。

なのでまずは、自分がすてきな女性だなと思える方たちをお手本にし、その所作や立ち居振る舞いをまねることから始めました。

実際にお会いした方はもちろん、一流の女優さんが映画やドラマ、舞台で演じる姿を繰り返し観ては目に焼き付け、気品の感じられる仕草や話し方を自分の中に取り込んでいったのです。

本物の一流の人たちを見ていると、刺激をもらえて自分の中のスパイスになります。

品格を身に付けたいなら、「この人のようになりたい」という自分が目指す人を見つけ、まねてみることが近道。そうすると、その物腰や雰囲気が徐々に自分のものになっていきます。まねているうちに、だんだん同化されていくようです。

私は、小さい頃から苦労もせず、お嬢さま然として振る舞っている人より、自分の力で作り上げたポジションをしっかりともち、格式の高さが感じられる人に引かれます。人間としての厚みが感じられるからです。自分が努力して積み上げてきたものは、その人のかもし出す雰囲気に表れるので、後世で磨いた品格は不動のものになります。

ただし、いくら大金持ちでも卑しい気持ちがあると、その魂が目に表れます。「目は魂の表れ」というでしょう。瞳の奥が「海千山千」のものにならないように、生き方の手綱を引き締めていかなければなりません。

じつは私も、五〇代前半で仕事に思い悩んでいたとき、気づいたら、瞳の奥に「海千山千」を感じるようになり、たいそう驚きました。毎日が必死で、いくら働いてもゴールが見えない心理状態に陥っていたせいか、顔つきまで変わっていたのですね。

ここで自分の生き方を反省し、立て直しを図ったのはいうまでもありません。

繰り返しになりますが、本当の美しさとは、内面からにじみ出てくるものだと心に留め置いてくださいね。

努力をして磨いた品格は不動のもの

着物の魔法

私が着物を愛するようになった原点は、着物姿の女優さんたちがとてもまばゆく、あこがれを抱いたことがきっかけです。

プロの美容師を目指して上京した頃。その頃の女優さんたちは、大事な場では必ず着物を着ていました。大女優のあでやかな姿や佇まいを見ながら、和装にふさわしい仕草や所作を学んだものです。

やがて、私のメイクと和髪のアップスタイルが評判を呼び、多くの女優さんたちからご依頼を受けるようになりました。その方をいかに美しく輝かせて見せるかが、プロとしての腕の見せどころ。誰にもまねのできない技術が評価された裏には、並々ならぬ勉強と努力がありました。

しかし人生とはそのまま順調に進まないもの。挫折感を味わったこともたびたびです。

私は三〇代のあるとき、「もう無理かも」と落ち込んだ時期がありました。そのときちょうど着物を着る機会があり、そうしたらなんと、不思議なパワーが湧いてきたのです。「私は大丈夫。やっていける！」と思えてきて、魔法の力が降り注いだように感じました。

着物を着ると背筋が伸びて、心まで凛としてくるせいでしょうか。私はこれを、着物の魔法だと思っています。

みなさんも、もし行き詰まりを感じて心が苦しいなと感じたときは、着物をお召しになってみてください。なぜかはわかりませんが、気持ちが引き締まって「よし、がんばろう！」と思えてくるはずです。

いまの私にとって、着物は仕事をがんばる力を与えてくれる勝負服のようなもの。師と仰ぐ着物デザイナーの、亡き池田重子先生に教わったことや、尊敬する杉村春子さんの立ち居振る舞いを思い出しながら、本物の粋を追求する日々です。

目が肥えていくにつれ着物へのこだわりは増す一方ですが、多くの方におほめいただくと、それも自分の励みになっています。

もちろん、洋服へのこだわりも捨ててはいません。

最近は洋服を着てメディアに登場することも増えていますが、それは「IKKO＝着物」という定着したイメージを大切にしつつ、よい意味で「裏切る」意外性が必要と思ったため。なので、ここぞというときには、洋服を着ることもあります。着物も洋服も、「こういう装いっていいいな」とみなさんに思っていただけるよう、本物志向のポリシーは貫いています。

私は仕事用の衣装を身に着けると、気合いのスイッチが入ります。そして家に戻ってラフな服に着替えると、リラックスモードに切り替わります。心身に疲れをためないようにオンとオフのメリハリをつけて、自分らしい生き方や信念を守ってきました。

人は着る物によって、意識が違ってきます。気分を変えたいときのツールにもなります。ここぞというときは、自分なりの勝負服でのぞんでみるといいかもしれません。

みなさんのなかで、着物がタンスの肥やしになっているとしたらもったいない限り。ちょっとしたお出かけのときに、気軽にお召しになってみてはいかがでしょう。

着物は何度も着ているうちに、体に馴染んできます。帯や小物を替えたりすると、いろいろなバリエーションが広がって楽しめます。心機一転したいと思ったら、まずは着物に袖を通してみませんか？

いくつになっても気持ちは若く

若い世代と交流していますか？

人は年を取っても、「昔と変わらない」「いくつになっても若いね」といわれるとうれしくなるもの。

とはいえ、四〇代を過ぎた頃から体力の衰えとともに体の変化を感じ始め、「昔はこれもできたのに」「若い頃の自分とは違う」と実感することが多くなります。そして、老いることへの不安が増してくるのではないでしょうか。

私も母が老いていく姿を見ながら、自分もこうなるのかなと不安になった時期があります。

田舎は高齢化が進み、母の周りにいる人たちも超高齢者ばかり。となると、「誰それが亡くなった」とか自分の病気の話とか、暗い話題が中心になります。同世代の人とは価値観が似ていて、世代的な悩みは共有できるのですが、自分が元気になるパワーをもらえるかといえばいま一つ。年齢的に致し方ないとはいえ、人と会って心が晴れ晴れしたという気分にはなれません。

はつらつとした元気な人が少なくなると、一気に老け込んでしまいそうです。

やはり若い人たちといっしょにいると、エネルギーチャージできますよね。若い人たちを通して自分の知らない世界をのぞき見ると、刺激も与えられますから。


私は幸いにして、仕事柄、若い方たちとの交流が多くあるので、彼らから刺激を受けて、心のリフレッシュ効果を実感しています。

「なるほどねえ」とうなずくこともあれば、「いや、それは違うんじゃない？」と思うこともあり、それはそれでおもしろいなと世代の感覚の違いを楽しんでいます。

「でも自分は年を取っているし、若い人は相手にしたくないと思う」といわれる方も多いのですが、案外いまの若い人たちは考え方がフラットです。年齢や立場の違いに関係なく、自分がリスペクトできる人かどうかで判断する傾向が見られます。

ただし「リスペクト」といっても、そんなにグレートな人物を求めているわけではありません。「心が温かくてやさしい人だな」とか、「いろいろなことを教えてくれて自分のためになるな」とか、そう感じた人に引き寄せられるようです。

例えば、「あなたの作る料理はいつもおいしい」「この家は居心地がよくて落ち着く」といったことも、若い世代が寄ってくるポイントになると思います。

大切なのは、人が会いたくなるような、どの世代からも慕われる人間になること。ギスギスして角のある人は嫌われますが、心がまろやかな人の周りには自然と人が集まってきます。そうなると人生も充実したものになるはずです。

私がこの一〇年間で感じたのは、自分ががんばりすぎると、逆に人が離れていってしまうというジレンマでした。

一生懸命に完璧を目指すと、どうしても人に要求することが厳しくなってしまい、ついつい言葉にも角が出てきてしまうからでしょう。要は、心の底から相手のことを思いやり、自分の角を落として誠実に人と向き合うことが重要なのだと気づきました。

人にやさしく、心まろやかに接すると、人間関係にも厚みが出てくるとわかったのも、年の功といえそうです。

がんばりすぎると人が離れていくこともある

人から必要とされる存在に

私はこれまで、人生のお手本にしたいと思うすばらしい大先輩の方たちをたくさん見てきました。

近頃はメディアの世界も若者を重用する傾向が見られますが、そのなかにあって、いくつになっても光り輝いている方は、ずっと第一線で活躍されています。

年を取っても若々しく見える人には、いくつか特徴があるようです。

まず、自分の目標に向かって励んでいる人にはエネルギーが感じられます。目指しているものがあると、生きる力が湧いてきますからね。

だから、何かを極めるとまではいかなくても、自分なりに小さな目標を掲げてがんばってみることも大切だと思います。

また、人に「あなたが必要」と思われている人はいくつになってもイキイキと輝いて見えます。人から必要とされると、心に張りが生まれます。

逆に、誰からも必要とされなくなったら老け込むのは必定《ひつじょう》です。「私なんてどうせ」もNGワードなのでご注意を。

では、人に必要とされる人間になるにはどうしたらいいのでしょうか。それには、人に喜ばれ、人の役に立つことをするのがいちばん。仕事や地域活動のほか、例えば「またあなたの料理が食べたい」と請われたら、人の役に立って人を喜ばせることになります。人の喜ぶ顔を見ると自分も元気になるはずです。

人は、人に求められる存在であり続けることが生きていく力になります。つまり生命力につながっていくのです。生命力があり、エネルギーを感じられる人は魅力的に見え、さらに多くの人を引き付けることになります。

ここで重要な鍵となるのは、前向きで明るい人柄です。

若い世代と交流すると気持ちが若返るものですが、「この人といると楽しくて明るい気分になり、力が湧いてくる」と思われる人はたびたびお声がかかります。

ここでもう一度、「笑顔は宝」だといったわけが腑《ふ》に落ちるのではないでしょうか。

だからまずは、基本のキホン「毎日を笑顔で過ごす」ことを目指してみるといいかもしれません。

人に求められることが、生きる力になる

ワクワク感、ウキウキ感をもつ！

日々の暮らしに追われていると、いつのまにか毎日のルーティーンをこなすだけで精一杯となってしまいます。

私自身、仕事のスケジュールが詰まって忙しくなると、細かいところまで目が行き届かなくなり、心がおざなりになってくるので、反省することがあります。

「忙」という字は、「心を亡くす」と書きます。

人は忙しくなると心のゆとりを失って、思わぬ失敗をしがち。だから忙しいときほど、ていねいに生きるようにしなければなりません。

もし「ああ、忙しい！」という言葉が口をついて出たら、「いけない、いけない。ていねいに生きなきゃ」といってみてください。

マイナス言葉を打ち消すことで、心を切り替える効果があります。いったん立ち止まって、深呼吸をする感じですね。そうすると、行動の流れも変わってきます。

また、ていねいに生きている人は美しく見えます。そこに品格を感じるからです。

髪を振り乱してバタバタ動き回っている人より、ていねいにきっちりと物事をこなしている人のほうに気品を感じるものでしょう。

もちろん、ていねいな言葉遣いも大切です。

きれいな言葉を発すると、その場の空気をまろやかにするだけでなく、脳に伝わって心が落ち着いてきます。

「心、ここにあらず」状態で物事を回していると、五感が働きにくくなり、感性が鈍くなります。

例えば、目的地に急いで着くことだけを考えていると、途中にきれいな景色が広がっていても目を向けることなく、感動することさえありません。

いつも幸せそうでキラキラ輝いている人は、「きれい！」「感激した～！」「うれしい！」「楽しいの！」といった喜びの言葉をよく口にします。素直に感動する心が、幸せオーラをまとわせるのでしょう。

ときめきは人を若返らせます。いくつになってもときめきの心を忘れず、ワクワク、ウキウキする気持ちをもち続けている人が若々しいのはそのため。

「今日はこれを作ろう！」「ここに花を飾ろう」など、自分がワクワクする時間をもつことも大事ですね。

心の豊かさは、おだやかな気持ちから生まれます。

子育て中や介護中、あるいは大変な仕事を抱えているときなどは、なかなか心に余裕がもてないものですが、そんなときは一呼吸。自分の心を喜ばせるものに浸るひとときは確保してくださいね。

ときめく心をもっている人は、いつまでも若々しい

賢く生きるためのヒント

前向きに受け止める力を

いやな感情はすぐ入ってきやすく、容易に忘れられるものではありません。そこをあえて、脳に蓋をして取り払う努力をすることが肝心です。それが心の健康となり、前向きな気持ちにつながります。

私は心が傷つくことがあっても、「勉強させていただいた」と思うようにしています。

つらいことが続いて息が詰まりそうになったときには、「この苦しさが、きっと自分自身の成長につながるはず」と考えて前を向いてきました。

何があっても前向きに受け止められる力が備わったと感じたのは、五〇代半ばを過ぎた頃からでしょうか。

どんなことも前向きに考えていくと、気持ちが明るくなり希望も湧いてきます。

とはいえ、誰もが口をそろえる「前向きに生きましょう」という言葉は聞き飽きていますよね。

わかってはいるけど、そう簡単にはいかないことも承知しています。私自身がそうでしたから。

でもそうなるための努力をすることに意義があります。努力は裏切りません。薄皮が重なっていくように、少しずつ思考体系が変わってきます。

いい方向へ考え方を転換していくには、その出来事の中にほんの少しでもいいので、「いいこと見つけ」をしていくのも一つの方法です。「あそこで失敗したから、次のやり方を考えることができた」「腹が立ったけど、そのおかげで大切な気づきがあった」というように、自分で「無理やり考えたこじつけ」でOK。いいことを見つけようと考えていくうちに、徐々にプラス思考になっていきます。

例えば、人にいやなことをいわれたとします。通常ならムッとして、その言葉がずっと頭に残りますが、その場で切り替える術《すべ》を身に付けてもいいでしょう。

「あ、そうなのね。自分では気づかなかった。いってくれてありがとう」とでもいえば、険悪な雰囲気にならないばかりか、一歩引き下がって余裕ある対応ができた自分が誇らしく思えるかもしれません。「あそこでキレなかった私ってスゴイ！」と自分をほめることも、前向きになれるための極意です。

人間関係において、「自分が変われば人も変わる」とよくいわれますが、まったくその通り。

人を変えることはできませんが、自分を変えることはできます。自分の接し方次第で、人との関係がよき方向に変わっていくということを心に刻んでおいてくださいね。

前向きになるための努力に意義がある

景色上手な生き方のススメ

私はここまで、自分の目に映る景色はつねに美しくしておきたいと繰り返し述べてきましたが、それは仕事場やプライベート空間という環境だけでなく、良好な人間関係も含まれます。

景色には、自分が見る景色と、人から見られる景色があります。自分から見た景色がいくらよくても、人からこちらを見た景色が美しくなければ、お互いがウィンウィンの関係にはなれません。

もしも相手が自分に対して不快な感情を抱いていたとしたら、それは相手の景色が悪くなっている状態。すると、自分の努力も必要になってきます。

大事なのは、自我をオブラートに包み、相手の思いに与《くみ》して歩み寄る姿勢。相手によっては、自分が合わせていく切り替えも必要でしょう。

自分の中に確固たる軸があれば、臨機応変に対応できます。それで双方の見える景色がよくなり、いい関係につながっていくと思います。

私は以前、「雪月風花《せつげつふうか》」という書をしたためたことがあります。

辞書によると「四季折々の自然の美しい景色のこと」とあり、風流な様子を語る言葉ですが、私は拡大解釈して「四季の景色が変わっていくように、人生の景色も移り変わる。その景色をどう変えていくかは、自分次第」という私の人生理念もこめました。

目指すは、あらゆる面で景色上手な人間になること。人が自分を見る景色もよくなれば、良縁がもたらす宝づくしになるはずです。

人と人は支え合って互いにフォローしてこそ、大きな力が生まれます。独りよがりで事を進めても、一人でできることの結果は知れています。

仕事仲間、夫婦、親子、みんながいい気持ちで力を合わせていくと、達成感や充実感も格別です。そんなプロセスを楽しみながら、人生を謳歌していきましょう。

自分次第で人生の景色は変えられる

思い出のアレンジ

私は若い頃から無我夢中で働いてきました。大きな事務所の後ろ盾がなく、自分のスタッフをたくさん抱えていることもあって、つねに全力疾走状態。そのなかで、周りや外側からもたらされる力に期待する自分もいました。

しかし外に期待しすぎると、うまくいかなかったときの失望も大きい。

その結果、余計なエネルギーを使うことになります。年齢的にも無理がきかなくなってきたので、今後は本当に自分が大切と思える仕事だけにエネルギーを使っていこうと決めました。

自分の中にこれという一つの核があれば、外の世界に左右されることなく、心が安定してきます。

私の場合は美容という大きな核を中心に据えて、そこから幾通りもの活動をしてきましたが、これからは自分にとって欠かせないものにはより深く、よりていねいに臨んでいくつもりです。

外は外。自分の内側にあるものをじっくり見つめていくと、自分が大切にしていきたいことや幸せの核に気づき、人生がもっと輝いてくるに違いありません。

幸せって、案外自分の感じ方次第。自分で見つけて作っていけるものなんですよね。

「あの頃はよかった」と、過去を振り返って思い出に浸るだけでなく、それをいまの生活に生かすことで今後の幸せな生き方につながっていくかもしれません。

人生は思い出の積み重ね。

人にはそれぞれつらく悲しい思い出もありますが、幸せな思い出を思い返すと、「あの頃のように前向きに生きていこう」と思えてきて、力をもらえます。過去の思い出の「いいとこ取り」をして、いまの生活に取り入れていってもいいでしょう。

私は幼い頃に両親や祖母と過ごしたお正月の、家族団らんの幸せな光景を思い出しながら、スタッフを集めてお正月料理をふるまったりしています。つまり過去の幸せな思い出をアレンジして、新しい思い出作りをしているわけです。

　時計の針は過去に戻せませんが、大事なのはこれから幸せな思い出を作っていくこと。幸せは自分でアレンジして作り上げていくものと考えると、いまこのときを充実させようと思えてくるのではないでしょうか。

　これからの幸せな自分をイメージしながら、いまの自分を磨き上げていくとすばらしい未来が開けていくと思います。

幸せは自分で見つけて作っていけるもの

おわりに

この本を最後まで読んでいただき、心より感謝申し上げます。

ここ数年、私たちはかつて経験したことのないコロナ禍という異常事態に直面し、社会全体も急激に変化しました。社会のシステムだけでなく、人の感性や価値観、生活習慣にも変化の兆しが感じられます。何事も、自分がしっかりと見極めた上で行動しなければならない時代へと変化しつつあるのでしょう。

今回のコロナ禍から、そんなことも教えられたような気がします。

人は激動の渦中に身を置いたとき、自分にとって何が本当に大切なのかと考えるようになります。後悔を残さないような生き方をするために、自分の人生のあり方を改めて見直してみたという方も多いのではないでしょうか。

そんなとき、私の生き方や考え方が参考になればと思い、この本を書き上げました。

私の歩んできた人生を詳しく述べたのは、経験を重ねてきた分、自分の言葉に重みが加わると思ったからです。

若い頃は、父や母にいわれた言葉の意味をあまり深く考えませんでしたが、この年になると改めて、「そういうことか」と気づいたりします。だから読者のみなさまも、自分の経験から学んだことを、次世代の若者たちにぜひとも伝えてあげてください。それは彼らの潜在意識の中に刻まれ、いつかきっと「気づき」をもたらすはずです。

すべての経験は、意味のあること。たとえいまはつらい思いをしていたとしても、無意味なことなんて一つもありません。

私がいちばんお伝えしたかったのは、「何があっても大丈夫！　あなたは幸せになれる！」ということ。みなさまには、幸せな、珠玉の人生に向かって羽ばたいていただきたいと願っております。

私はいま、この激動の時代を生きていることが誇りに思えてきています。いつの日か、「あの時代を生き延びてきた私ってすごい」と拍手してあげたい。そのためにも、より輝ける人生を目指したいと考えています。

日々の「縁」という出会いに感謝して、明るい未来を信じて生きていきましょう！

転んだら、ケ・セラ・セラ！　合言葉は「いつも心に太陽を！」です。


すべての方々の人生に愛をこめて　ＩＫＫＯ

IKKO

イッコー／1962年1月20日生まれ。福岡県田川郡出身。1981年「髪結處サワイイ」入社。美容師、ヘアメイクを経て30歳で「アトリエIKKO」を設立。女性誌等で【女優メイクIKKO】を確立。40歳で表舞台へ転身し、ヘアメイクから美容家、タレントとして活動。「おネエ★MANS」出演をきっかけに、美容家としての地位を不動のものに。新語・流行語大賞では、「どんだけ～」がノミネート。女性誌マリ・クレールジャポンでは、初の人物賞として「プラネット・ミューズ賞」を受賞。その後、韓国他海外でも活躍することに。特に韓国においては、経済効果を認められ、日本人では初となる「ソウル観光大賞」を受賞する。近年では、「@cosmeベストコスメアワード2020」で「BEAUTY PERSON OF THE YEAR」を受賞。2022年、プラチナエイジ授賞式にて「美容・アンチエイジング部門プラチナエイジスト」を受賞、ベストフォーマルウェアアワードの「Kimono Queen」は4年連続で受賞。

主な著書に『IKKO女の法則―幸運を引き寄せるココロとオンナの磨き方』(世界文化社)、『IKKOの字語りエッセイ一道』(芸術新聞社)、『IKKO心の格言200』(エムオン・エンタテインメント)、『1ミリの優しさ～IKKOの前を向いて生きる言葉』(大和書房)他多数。

公式HP ▷▷▷ https://ikko.cc/

カバー題字　IKKO
編集協力　浅野祐子
ブックデザイン　井上友里

IKKO　人生十転び八起き。ケ・セラ・セラ

2023年7月 6日　初版第1刷発行
2023年7月29日　初版第2刷発行

著　者　IKKO

発行者　松原淑子
発行所　清流出版株式会社
〒101-0051
東京都千代田区神田神保町3-7-1
電話　03-3288-5405
https://www.seiryupub.co.jp/
印刷・製本　シナノパブリッシングプレス
乱丁・落丁本はお取替えします。
ISBN978-4-86029-544-8

本書をお読みになったご意見・ご感想を
下記URL、QRコードよりお寄せください。
https://pro.form-mailer.jp/fms/91270fd3254235